お金 時間 幸せ

人生を自由に操る

最強パパの教え

釜谷正宏
Masahiro Kamatani

PHP

若い頃から今まで、スポーツが大好き。バックカントリーでのスキーやスノーボードなど、今も挑戦を続ける

SGO（Super Genki Oyaji）を自称（P132）。マリンスポーツや自転車競技、Golf Tournamentなど、挑戦は多岐に渡る

起業したての20代の頃の著者。起業当初は現場に出て電器設備機器の仕事を主に行っていた

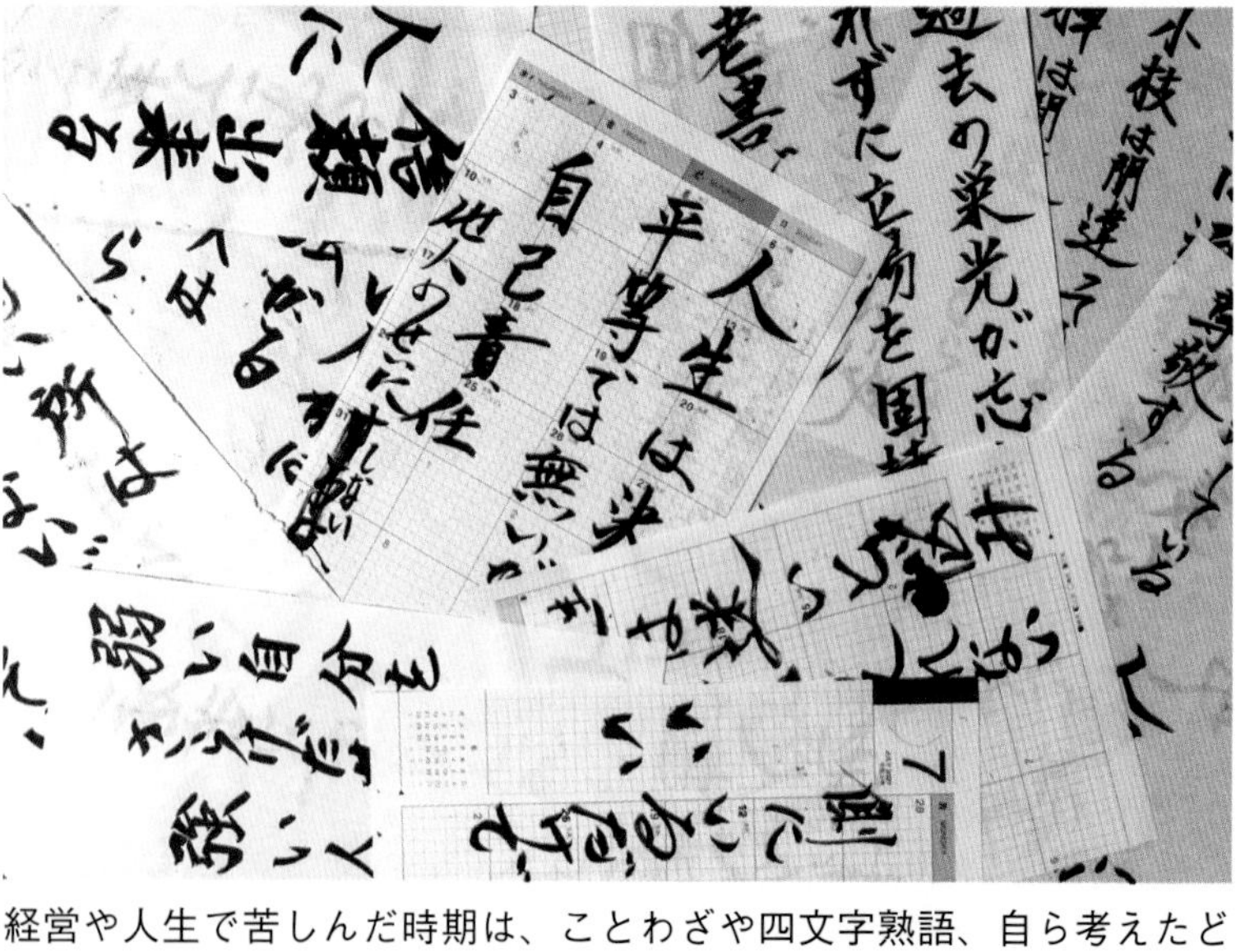

経営や人生で苦しんだ時期は、ことわざや四文字熟語、自ら考えたどり着いた格言をしたため、困難を乗り切った（P216）

「チームカマタニ」（P３）結成後、仕事で娘２人を連れてUAE・ドバイでの記念撮影。砂漠は想像以上に広く“自己責任”を痛感させられる

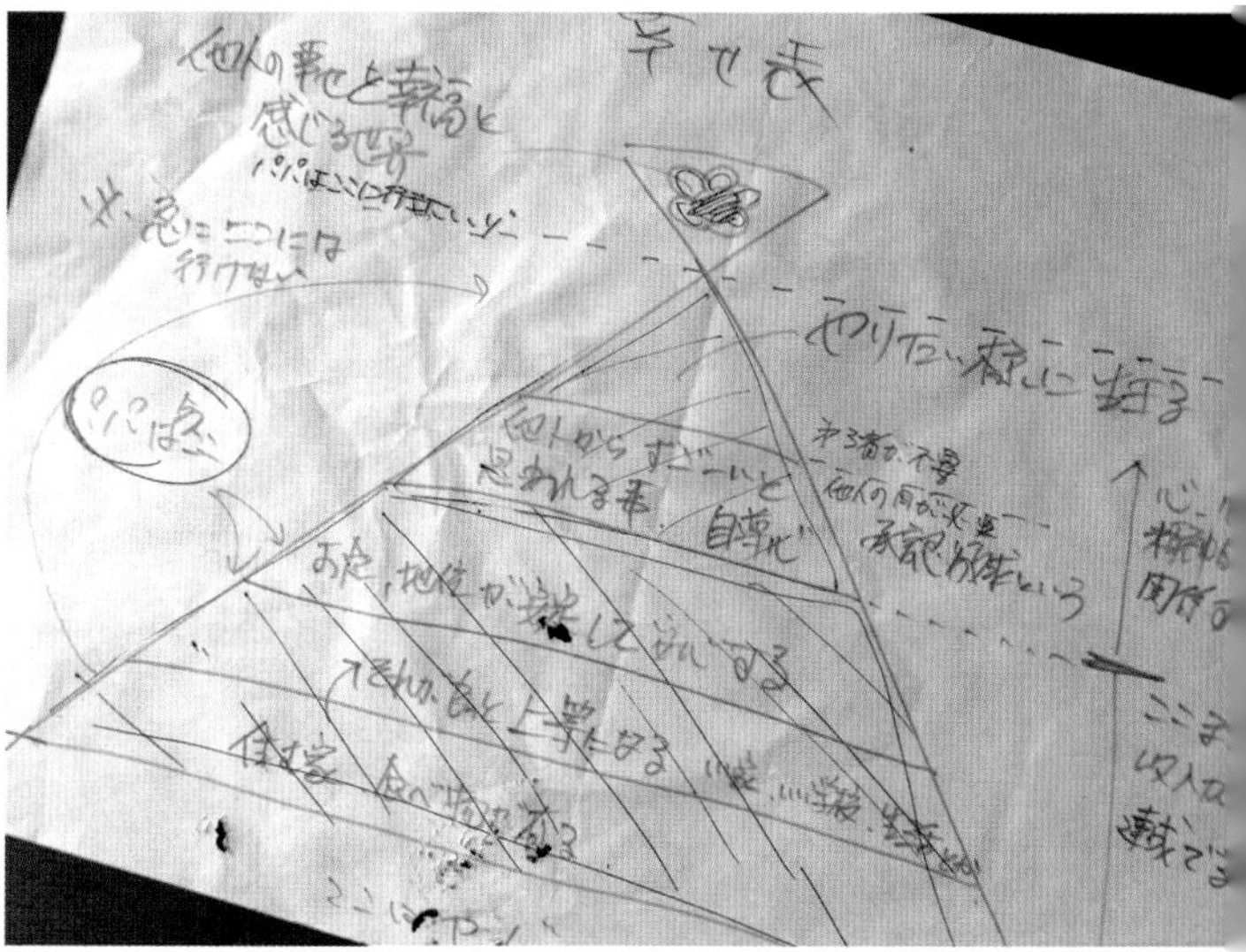

娘２人に行っていた家庭内教育では、手書きの図表やイラストも多用。特に力を入れたのが「幸せ表」（P200）だった

子育てと教育を行いながら、経営する会社ではPV発電事業や農業などに注力し、グループ売上50億円にまで拡大する手腕を発揮

雪が積もる寒い夕方、「家に戻ろう」と言っても嫌がって戻らず号泣する当時２歳の次女（P114）とポーズをとる長女。生まれついての性格の違いを悟る

家庭内教育の影響もあり、今では長女（中央）は医師として、次女（左）は起業家として活躍中

はじめに

私が20代後半の頃、ベストセラーとなったロバート・キヨサキ氏の『金持ち父さん 貧乏父さん』という本を買いました。確か電車の中刷り広告で見たのだと思います。〝キヨサキ〟という少し聞き慣れない日本の名前に加え、本の帯には日系4世とも書かれていたので興味がわいたのでしょう。そこには「これを読めばあなたもお金持ちになれる!」というようなことが書かれていました。私はそれまではそのような類の本を買ったことがありませんでしたので、「よーし、俺も金持ちになれるんだー」と思いながらワクワクして読み始めました。ところが、正直全く意味が分かりません。一生懸命集中して読んだつもりでした…。その後も何度か理解しようとチャレンジしましたが、頭に入ってきません。結局3分の1ほど進んだところで挫折して、残念ながら本はそのままどこかに行ってしまい題名だけが記憶に残っています。

あれから20年以上たった今、再購入して改めて読み返してみると、私は結局あの本に書かれていたことと同じ行動を実践していたことに気付きました。あの時読んだ本の内容が潜在意識の中にあって知らず知らずにうちに実践していた——なんてことは絶対にありませんが、結果的に同じようなことをしていたわけです。そしてその実際の結果も、金額の大小の差はあれど同じようになっています。小さい会社を経営してきて幾度もの難局を突破し続けてですが、偶然や幸運にも恵まれて、今世間的には成功したと思っていただけるような立ち位置にいます。ただ、もしあの本に書かれていたことを当時理解して実践できていたら、もっと計画的に、楽に、心地よく今の状態になっていたのではないかと思う時もあります。

じゃあ、なぜあの時全く頭に入ってこなかったのか？　どうして心に刺さらなかったのか？　ということを自問自答しました。その答えは簡単でした。当時の私には、あの本を読みこなす基礎的な単語やその意味、投資や労働といった社会の仕組みなどの知識が無かったからでした。そう、基礎的なことばかりです。当然今は分かります。もしあの時それを読み解いてくれて、私のレベルにまで降りてきて分かりやすく説明してくれる人や機会があったなら理解できたでしょう。当時の私の考え方は沢山（時間）働けばそれだけお金が稼げる、がベースでした。それはそれで清い労働精神ですが、それだけでは伸びしろがありません。若かったので仕方ないかもしれませんが、あとで知るよりは先に知っていた方が、時間が限られている人生にとって色々と有利に働きます。社会人となって公私にわたって忙しい方々には、改まって勉強するなんて時間はありません。会社のために、家族のために疲れ果てているお父さんには、土日でも余力が残っていません。男性も参加するようになったとはいえ、家事、育児、ママ友との付き合い、その他ほとんどの雑務をこなす役目のお母さんは、さらに息つく暇もありません。お子さんがいて共働きであればなおさらです。加えてスマホが皆の手にあることで、ほんの少しの暇な時間ですら画面を見る時間に埋められるようになってしまっています。

私は石川県の能登半島にある能登町（旧・柳田村）で生まれ育ったのですが、中学卒業後に村を飛び出して神奈川県の横須賀にある陸上自衛隊少年工科学校（当時）に進学しました。エリート自衛官を育てるための学校で、そこで多くのことを学んだのですが、卒業後は自衛隊への道を歩まず、民間企業に就職することを選びました。その後、20代の時に独立して起業し、今に至ります。

30名弱の社員がいる中小企業を経営することは大変な苦労が伴いましたが、その最中にシングルファーザーとなり、中学生の娘2人を育てなくてはならなくなりました。会社はできたばかりの零細企業で当然に苦しい経営が続いていて、人件費を削るためにできることは全部自分でこなしていました。ほとんど毎朝7時前には会社のシャッターを開け、夜10時に閉めて帰るような生活に、突然母親役の激務が覆い被さってきたのです。その中で何とかもがきながら、泣き笑いしながら会社と家事、子育てのワンオペを、娘2人が社会人となるまでの10年弱の間ずっと経験しました。当然お手伝いさんや祖父母もいなく、全くの1人でした。ある日から親子3人を「チームカマタニ」と名付け、夕食前にはテレビを見ずに会話を増やす「家族会議」を行い、3人で一丸となって必死に過ごしてきただけです。会話の内容は、私が会社経営やそれまでの人生から学んだ、人生をうまく進めていくための教訓のような話です。ただこの先を読んでいただければ分かるのですが、この本でご紹介したいのは小難しい話や私の苦労物語ではありません。

選択肢が無かったのでやるしかなかった、といえばそれまででしょうが、その状況は自ら進んでは作れません。そんな中で考え苦しみながらも何とかなった、あるいは何とかすることができ、娘2人を中学生からですが育て上げることができました。そして今、長女は医師として大学病院に勤務し、次女はテレビでも取り上げられる話題の起業家として活躍しています。

そうなると、周囲から「どうやって子育てしたの?」と聞かれることも増えました。その時には私が実践してきた子育て(家庭内教育)法を話すのですが、「そんな教育をしている人はなかなかいない」と驚かれることばかりです。そういうやり取りを繰り返すうちに、もしかしたら私の経験は子育て中の親御さんたち、あるいは子供たち、さらには教育関係者の皆様にも参考になるのではないだろうか? またベンチャーや昨今FIRE(Financial Independence, Retire Early)と呼ばれるライフスタイルを考えている方々にも役立つのではないか? そう考え、私が子育ての中で行ってきた娘2人との会話の内容を紹介しようと、この本を書くに至りました。何より読者の皆様のお役に立てれば幸いです。

人生は思ったよりも短いので、時間短縮のためには苦労しながらも結果を出した人の経験を真似ればいいのです。経営なら経営、教育なら教育、スポーツならスポーツとジャンルは沢山あります。そのカテゴリーの全部ではなくその一部でも真似たらいいと思います。私も経営に関しては先人たちの真似をしてきました。この本がお子さんの教育に、または読んで共感していただいた方々の将来に少しでも役立つことができればとても光栄です。

執筆するにあたり、子供の教育、特にお金や社会の教育に関連する書籍を沢山読んだのですが、多くは欧米で出版された「お金を増やすため」の金融知識の本の和訳でした。一方日本人による書籍は、お金の仕組みや役割について書かれたものが多かったです。国によって言語や文化が違うので一概には言えないのですが、資本主義国家である日本も、経済（お金）発展していくことがベースになっています。株価も上昇することが基本です。家庭内でも個人でも、経済をベースにして人生設計をします。私が話したいようなことについて書かれた書籍をいろいろ探しましたが、経済やお金をベースに人生を語った小中高生向けの書籍は、見つかりませんでした。

お父さん、お母さん、もしかして父母を通り越して直接読んでくれる学生の君、この本を手に取ってくれたことは、大きなチャンスですよ！

もしかして起業しようとしているあなた、教えている立場の方々、社会に出ようとしている大学生、すでに働いている社会人の方にも学び直し（リスキリング）として参考になるかもしれません。

学校では数学や英語、物理などの学問を教えてくれますが、社会人となって上手く人生をコントロールして生きていくための学問はどこにもありません。なぜなら、それは学問ではなくて「教え」だからです。似ている言葉を挙げるなら、「処世術」「世渡り術」かもしれません。社会に出てから言われる「頭のいい人」とは、高学歴の人を指しません。上手に生きる人のことを指すのです。

ただしそれはどこの学校でも塾でも教えてくれないので、この本を読んで「先」に気付いた人だけが得をすることになります。人生はある意味、競争でもあります。何が待ち受けているか分からない長距離障害物競走を少し先にスタートして、先の障害物の見取り図を自分だけ持っている感じだと思うとイメージしやすいでしょう。

ではグッド・ラック！

人生を自由に操る最強パパの教え　目次

第二章 社会の仕組み

第三章　計画の重要性

第四章 幸せの定義

第一章

お金との付き合い方

日本ではお金についての教育が足りない？

私が社会人となって企業に勤めた後に自分で起業して、一番強く感じたこと。それは「学校って何だ」「教育って何なんだ、生まれ育ちは？」「都会と地方の人の差は？」などといったことです。

これらのことは、会社を経営したからこそ大きく見えてきたことです。感じ始めた一番のきっかけは、私が経営する会社のような中小企業に入社する人のレベルには、大きな差があるということでした。

レベルと言っても、出身校や学力の話ではありません（仕事にテストの点数はあまり関係ない）。一言で言うと、その人が持っている常識の差でした。私が経営していたのは電気設備系の会社なのですが、技術者や現場スタッフはみんな総じて中途採用の若者が中心で、入社後はすぐに現場に出ます。また中小企業の経営は資本が少ないため、常に自転車操業です。売り上げを上げる前には必ず支払いが先行します。当然少ない資本では足らないので借り入れをして支払いをして、の繰り返し。その会社経営の中の一番多く、そして大きい問題は〝お金〟に関係することでした。でも銀行から借り入れをすることではありません。仕入れ先に払えないというのは別問題ですので、頭を悩ませる一番大きい問題とは、経費の中で一番大きい人件費、つまり給料ということになります。

経営者にとって給料の問題は非常にセンシティブです。社長対社員全員に関係するので、一社員だけの問題ではありません。中小企業とはいえ当然決めた条件に基づいて毎月支払うのですが、トラブルが起こるのはほとんどの場合において給料日当日。多くもらって文句を言う人はいませんので、当然「給料が少ない」と感じることで不満が起こります。社員のモチベーション維持や離職を避けるために繁忙期には基本給に上乗せして支払っていたのですが、社員の能力によってその上乗せ額に差を付けていたため、不公平感を覚える社員がいたこともトラブルの原因になりました。

そのようなことを沢山経験していくうちに、次のような問題点が明確になってきました。

〝お金〟に関する認識が人によってバラバラで、思い起こすと授業や勉強、カリキュラムなどの教育は学校では存在しない

自分の両親からも聞いたことがない

部活の先輩や他の大人からも聞いたことがない

これらのことから考えても、この日本には〝お金〟に関する基本的な考え方は、沢山稼ぎたいということは誰もが共通して持っている概念としてありますが、そのための扱い方や方法は存在せず、逆にお金の話は避けて通ることがまかり通っていると言えます。とこ

ろがその一方で、この日本にもお金に関することわざや四文字熟語などは、「金の切れ目が縁の切れ目」や「一挙両得」など沢山存在しています。つまりそれが重要なことだと分かっているのに、子供の頃から老人になるまで必ず付き合うお金なのに、みんなそれぞれがお金に関する自分の感覚を持っていて、そこに他人とのズレがあるからトラブルになる、と会社を経営する中ではっきり理解しました。日本人の「お金偏差値」は他の先進国に比べて非常に低いと言われますが、それは教育が存在しないことが最大の理由だと確信するようになりました。お金の問題は寿命や健康などと同じく、永遠のテーマでしょう。

最近になって小中学校で段階的にお金の教育が始まり、高校でも金融教育が必修になったようですが、実際に学習指導要領などを見てみると金融の仕組みや増やし方などについての授業になるようです。果たしてそれで十分でしょうか。もっと基本的な〝お金〟についての考え方などを、子供の頃から身近な人たちが教える必要があるのではないでしょうか。私はそう考えていて、娘2人には折に触れ、日常の会話の中で〝お金〟について話題に出すようにしていました。今思えば国が始めた教育よりも20年も先駆けて教育しようとしていたことになるのですが、当時そんなことは思いもよりませんでした。

では、私が娘たちにどのように〝お金〟について教えていたのかについてお話ししたいと思います。

興味はあるのに、日本人はお金の話をしたがらない

次女が中学生の時、夕食時に次のようなことから会話を始めました。

父　これからの食事はパパとお前たちだけだ。この時間にテレビだけを見ていたらもったいないから、社会についての話もしていくよ。まあ簡単な家族会議みたいなものだね。

次女　（無言）

父　お前たちが今アルバイトをしたとすると、時給はいくらもらえるか分かる？

次女　んー…。マック（マクドナルド）でバイトしたとして、時給８００円くらいかな。

父　それってどう思うの、高いの安いの？

次女　高いと思うよ、それに何時間働いたらいくらもらえるって計算ができてうれしい。

父　働くことは良いことだよねー。でも小遣いだけじゃダメなの？

次女　色々欲しいものがあるから、小遣いだけじゃ足りないの。

父　必要なものは言ってくれれば、小遣いとは別にちゃんと買ってあげるよ？

なお、本当は娘の名前を呼んでいましたが、ここでは便宜上「お前」としています。

我が家は少し前に母親が不在となり、私と長女、次女との３人の生活になったばかりでした。長女は当時他県の高校に入学したことで寮生活を送っていたため、帰省するのは月

に一度くらい。しばらくの間の食卓はほぼ私と次女の2人きりの会話でした。長女は2歳上なので理解力にも差があるためにまた別の時に話をしていました。

なぜ、夕食時にこのような話をしたのか。それは、「この子たちがいずれ学校を卒業して、どこかの会社に所属して社会人として独り立ちする時が来る。それまでに何としてでも伝えておかなければならないことがある！」という強い思いがあったからでした。母親がいれば私は仕事だけを一生懸命にしていればよかったのですが、仕事に加えて家事もしなければならなくなったことでなかなか娘たちとの会話の時間を確保するのが難しくなったので、夕食の時間を有効活用しようとして生まれた時間割でした。

父　あのさぁ、夏休みとかに一生懸命一日中アルバイトしたら、いくらもらえるの？

次女　えぇーと、800円×8時間で一日に6400円ももらえるよ！　で、5日間働いたら3万2000円も！

父　それは凄いなぁ。じゃ一カ月丸々働いたらどうなるの？　今フリーターとかで自由な働き方ってあるじゃない。

次女　簡単だよ、掛け算すれば。土日を休んだら大体ひと月で20日間でしょ、6400円×20だから12万8000円！　すごいね。

父　それは多いな、でも高校生くらいだとそこまでの時間はないだろうから、そんなことできるのは夏休みくらいか。

次女　そうだね。それに今度行く高校はアルバイト禁止だったと思う。それにアルバイトOKの学校は少ないいんじゃないかな。

子供の金銭感覚は一体いつどこから生まれるのか、を考えたことがあります。私が思うに小学校の低学年にお年玉をもらう頃からではないでしょうか。そこから毎年子供の楽しみはお年玉がもらえるお正月ということになり、さらに大体小学生の低学年くらいからお小遣いがもらえるようになると思います。親はこの子の年齢だとこれくらいだろうと考え毎月渡しますよね。子供とお金の付き合いは、ここから始まっていくのでしょう。

フリーターより会社員の方が「待遇がいい」って、どういうこと?

父　ここから本題だぞ。日本人の平均所得って知ってる?

次女　知らない、所得って?

父　その人が一年間で稼いだ合計金額のこと。平均で大体440万円ちょっとくらい（2003年当時）かな。じゃあさっきの話に戻るけど、マックで一年間働いたらいくらになる?　得意の掛け算で計算してみて。

次女　ええっと、12万8000円×12でしょ。153万6000円。平均より少ないねー。

父　会社員と同じ条件にすると、一日10時間くらい働いて月に25日出勤くらいだ。そうすると…（電卓をたたく）、２４０万くらいかな。

当然ですが、子供には年収という概念がありません。残業代が付きにくい中小企業で働く人の中には、「時給換算したらこれじゃアルバイトと変わんない！」と嘆く人も少なからず存在します。大手でも時給計算すると変わらないこともあります。皆年齢が上がると少ない労働時間で沢山の収入を目指すようになります。要するに生産性のことですね。

父　じゃあ平均年収を時給換算してみよう。４４０万円÷12カ月÷25日÷10時間とすると、時給は１４６７円だよ。マックより１・８倍も高いぞ。

次女　ええー。凄く違うじゃん（横浜の方言）。

父　本当はもっと違う。最低でも2倍以上違うかな。じゃあこんなに時給が安いのに、どうして大人になってもアルバイトをしている人が沢山いると思う？

次女　分かんない、何か理由があるのじゃないの。

父　会社員とフリーターの最大の違いは、時間の拘束かな。その人のその時の事情があったり、目指していることや夢の実現のためには時間が必要だったりで、そのために会社に所属しない、あるいはできないという理由でフリーターになっている人が多いと考えられているんじゃないかな。でも実際は、面接が面倒だとか手っ取り早く近くで働けばいいとか、そういった理由の人も少なくないと思うよ。この「所属」という言葉は今後も色々出てくるから覚えておいて。フリーターになる理由は他にもあって、自由でいたい、働きたくない、何かの理由で働けない、ということになるかな。こういう人も結構いるよ。

子供目線で時給に換算してみたことで、次女はアルバイトでもらえる時給が安いということに気付きました。さらに会話は続きます。

父　もう1つ、お金と同じくらい大きな違いは社会保障！　分かる？

次女　（きっぱり）分からない。

父　会社員には厚生年金や健康保険、さらに有給休暇とかがある。つまりケガや病気になった時に医療の保証をしてくれるし、老後の年金の積み立てもあるし、休んでも給料をもらえる日もあるんだよ。

次女　アルバイトにもあるの？

父　（きっぱり）ないよ。

正確にはアルバイトにも全くないというわけではありませんが、分かりやすさを重視してここでは「ない」と答えました。

次女　じゃあ会社員の方が全然いいじゃーん！

父　そう！　それを総合して「待遇がいい」「待遇が悪い」っていうんだよ。大企業に就職すると一般的には「待遇がいい」。中小企業はそれに比べると「待遇が悪い」んだよ。

次女　じゃあ大企業にみんな行けばいいいんじゃない？

父　そうなるといいけど、高校や大学と同じように人気のある会社は競争率も高いから、みんな入れるわけじゃないんだよ。話を戻そう。所得の平均といったよね。今度は平均の説明をするよ。所得の高い人は少ないよね、逆に少ない人は多いのは分かるよね。平均とはその総額を総人数で割った数字になる。（図を描いて）これを見てごらん？

父　これは数学の計算と同じで、平均はこのように真ん中ではなく下の方なんだよ。でもこれは若い新人もとびきり給料の高い社長さんも含めた図と金額だからね。経営している社長や役員の人を除いた実際の雇用されている社員だけの給料の平均はもっと低いんだよ。

次女　ふーん、そうなんだ。

父　難しければ、次の言葉だけでも覚えておいたらいいよ。

ひと言　**平均賃金というのは思ったより下の方にある**

図 1－1

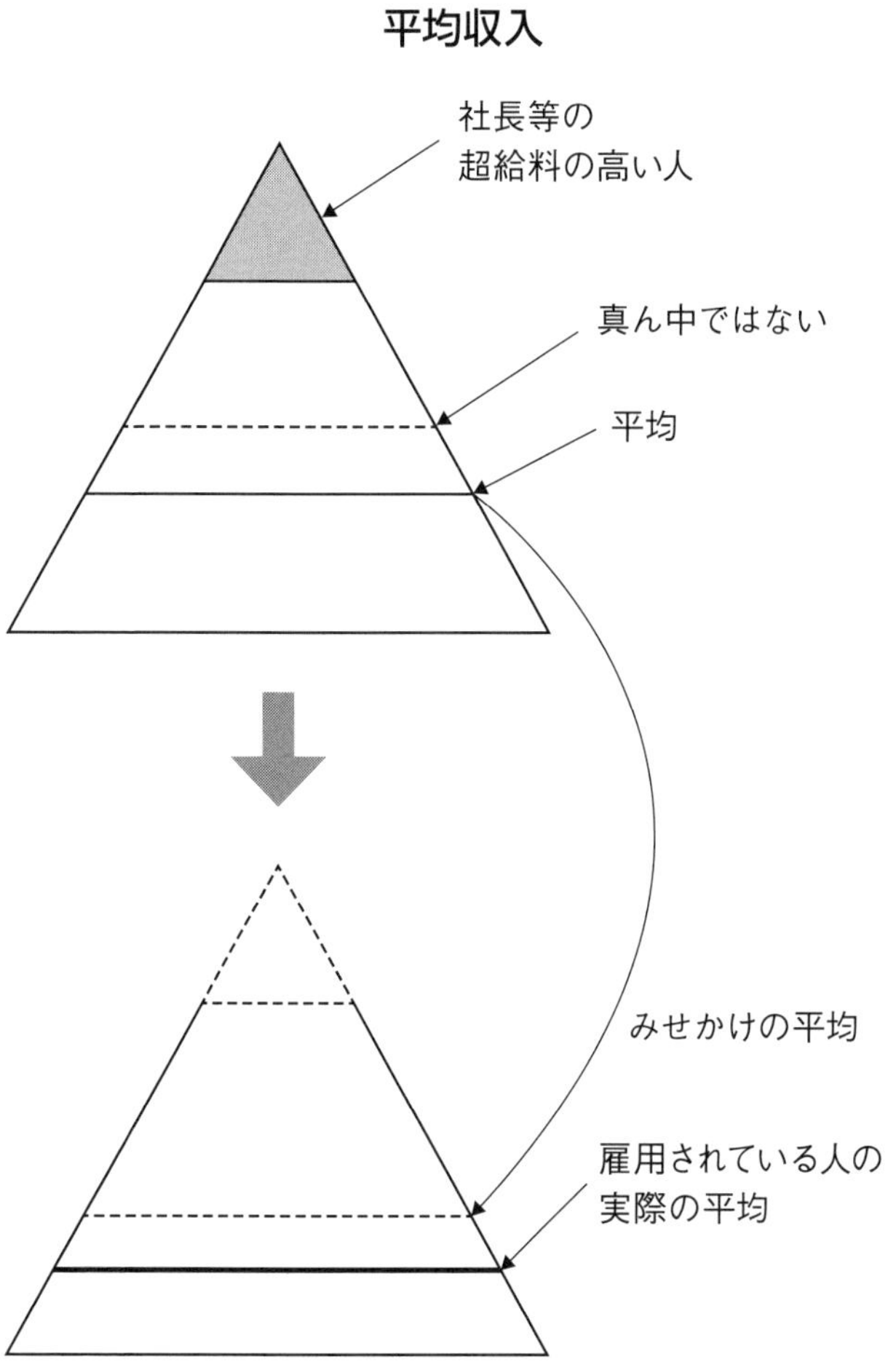
平均収入
社長等の
超給料の高い人
真ん中ではない
平均
みせかけの平均
雇用されている人の
実際の平均

父　では、別の質問ね。毎日通っている学校の先生のお給料っていくらくらいだと思う？

次女　分かんないけど、平均よりちょっと多いんじゃないかな。

父　じゃあいつも乗っている電車の運転手さんやバスの運転手さんは？　校長先生や学校の用務員さんは？

次女　いっぱい出てきてよく分かんない。

父　ははは—、そうだよね、普通の中学生は気にしたことも考えたこともないだろうね。でも社会人の全ての人１人１人にお金が関係していて、全員がそのお金を使って生活しているのは想像できる？

次女　何となくだけど。大人ってみんなそうしているんだよね？

父　そう、お前も学校を卒業すると、就職したその日から死ぬまでお金と関わるようになるんだぞ。今でもお小遣いとかお金と関係しているんだけど、そこでとても大切なことがある。

次女　なになに？

父　お金との付き合い方だよ。

次女　付き合い方って？

父　付き合い方というのは稼ぎ方とか増やし方と違って、死ぬまで付き合うお金に関する根本的な考え方ということ。実はお金って「取り扱い要注意」なんだぞ。たとえ親子でも兄弟でも仲のよい親戚でも、お金の問題がこじれると関係が切れてしまうことも珍しくないんだ。醜い争いになって、最後にはお互いを憎むようにまでなっちゃうんだ、他人だったら付き合わなければいいだけだけど、肉親はそうはいかないので、根が深くなるもんなんだよ。

次女　そんなの嫌だなあ、仲のいい人とも喧嘩するんだよねー。だから付き合い方って必要なんだね。

父　そう、逆に切っても切れない関係のお金ときちんと付き合うことで人生を有意義に幸せに楽しく生きていくことができるし、相手が変でも自分がしっかりしていればトラブルも回避できるんだ。学校にもどこにもそんな授業はないから、家庭でやるしかないんだ。そんなこと聞いたこともないだろうから、この授業はプライスレスなんだぞ！

次女　イエーイ！

ひと言　**日本には〝お金との付き合い方〟の授業は存在しない**

ひと言　**日本人の〝お金との付き合い方〟に関する基本概念はバラバラ**

ひと言　**お金は取り扱い注意！**

家庭内でお金の教育をしているという例を聞いたことがありません。あるとすれば芸能人や有名社長が番組の中で、「我が家はこうやっています！」と話すエピソードくらいでしょう。ほかにあるとすれば、稀なケースですが何代も続く創業家の帝王学があるくらいでしょう。日本人は皆、何となくお金のことについては触れずに過ごしています。ですので、ここまではそこに興味を持つように誘導して話を進めてきました。

子供は親の経済状態に左右される

父　じゃあ始めます。平均所得が４４０万円とすると、ボーナスというのは別にして月の給料が約37万円です。でも源泉所得というのがあって、37万円全部はもらえないんだ。詳しいことは今度社会の仕組みを説明する時に話すから今日は飛ばして、とにかくいくらか引かれた金額がもらえるということが分かれば今はいい。この場合だと、大体月に10万円弱程度引かれるので、もらえるのは28万円ということにしよう。では駅の近くのアパート家賃はいくらすると思う？

次女　５万円！

父　場所にもよるけど、駐車場付きなら8万円くらいかな。ここから細かく説明していくよ。家を買っている人は住宅ローン、借りている人は家賃を払わなければならない。そこから食費は一食平均６００円使うとすると、家族３人だとすると1カ月分は６００円×３

×30日で5万4000円。お父さん、お母さんのビールやたまの外食でさらに2万円はかかる。学校の授業料は私立と公立では違うけど、月に1万5000円としよう。家で生活するには電気やガス、水道を使うよね。これを水道光熱費って言うんだけど、大体1万5000円。3人の携帯電話代が合計1万5000円。これでいくらになった？

次女　（持っていた電卓をたたく）19万9000円。

父　さらに部活費用で3000円、子供の小遣いが3000円、お父さんの小遣いは1万円、お母さんも1万円、車のローンが1万円、燃料代が5000円、車の保険が5000円、家族の保険が8000円。これでいくらになった？

次女　25万3000円、あとちょっとしかない。

父　そう、28万円から必要な費用を引くと2万7000円しか残らないだろう？　ここに塾や病院や他の出費が加わって、旅行や貯金とかも考えるとほとんど残らないし、下手するとマイナスになる。だから今はお母さんも働いている家庭が多いけど、社会全体がそうなっているんだ。でも子供が小さい時はなかなか働けないしね。こういう内容を各家庭の懐事情っていうんだけど、どう思う？

次女　全然残んないじゃん、何かあったらゼロになっちゃうどころか足らなくなるかも。そんな風になっているんだぁ。絶対に無駄遣いできないね！　携帯とかも。

父　こんな風に家庭のお金を細かく子供に説明する親もいないけどね。でもチームカマタニとなって大人として接するといった以上、これは知っていてくれないと困る。それに大人になったら嫌でもこんな計算をするようになるよ。

次女　子供は遊んで勉強だけしていればいいけど、大人って大変そう！　じゃ甘えてないで家のこととか少しでも手伝わないとだね。みんなこんなことは知らないよ、絶対に。これからは1円も無駄にできないからお小遣い帳を付けるね！（実際、次女はこの時から30代になる今までの約16年間、毎月欠かさず家計簿を付けています）。

父　その通りだよ、情報を公開することをディスクロージャーっていうんだけど、普通はやらないよね。時間が無いのか意識が無いのか、どこの家の親も一生懸命に働いているけど家庭内のお金の情報を子供に説明するなんて聞かないな。もう1つは子供にお金のストレスを経験させたくない、まだ早いと思っているのもあるかな。でもこの先の人生で必ず関係することだから、今から意識をつけていったらいいと思うよ。でも気を付けなければならないことがある。それは、残高ばかり気にして増えるのはいいが減ることに異常に反応しないこと。お小遣い帳を付けることは、全体像を把握してお金の計画を立てることに役立てるためなんだよ。これを家庭では家計簿、会社では金銭出納帳やキャッシュフローとかいうけど、元はお小遣い帳と同じだよ。だからとてもいいことだね。

家計の内訳は足し算引き算だけなので小学生でも理解できます。ここまででは、子供は親の経済状況に左右されていて、その親は一生懸命に働いていることを知ってもらうことと、家の経済事情を知ることで現実味を持ってもらおうと思って説明しました。理解した子供は、親に経済の側面から少なからずとも感謝します（随分後になってからになるかもしれませんが）。親の努力を理解し尊敬してもらえるのなら、もっと親子関係も良くなるのではと思います。

図１－２

給料37万円の場合（例）

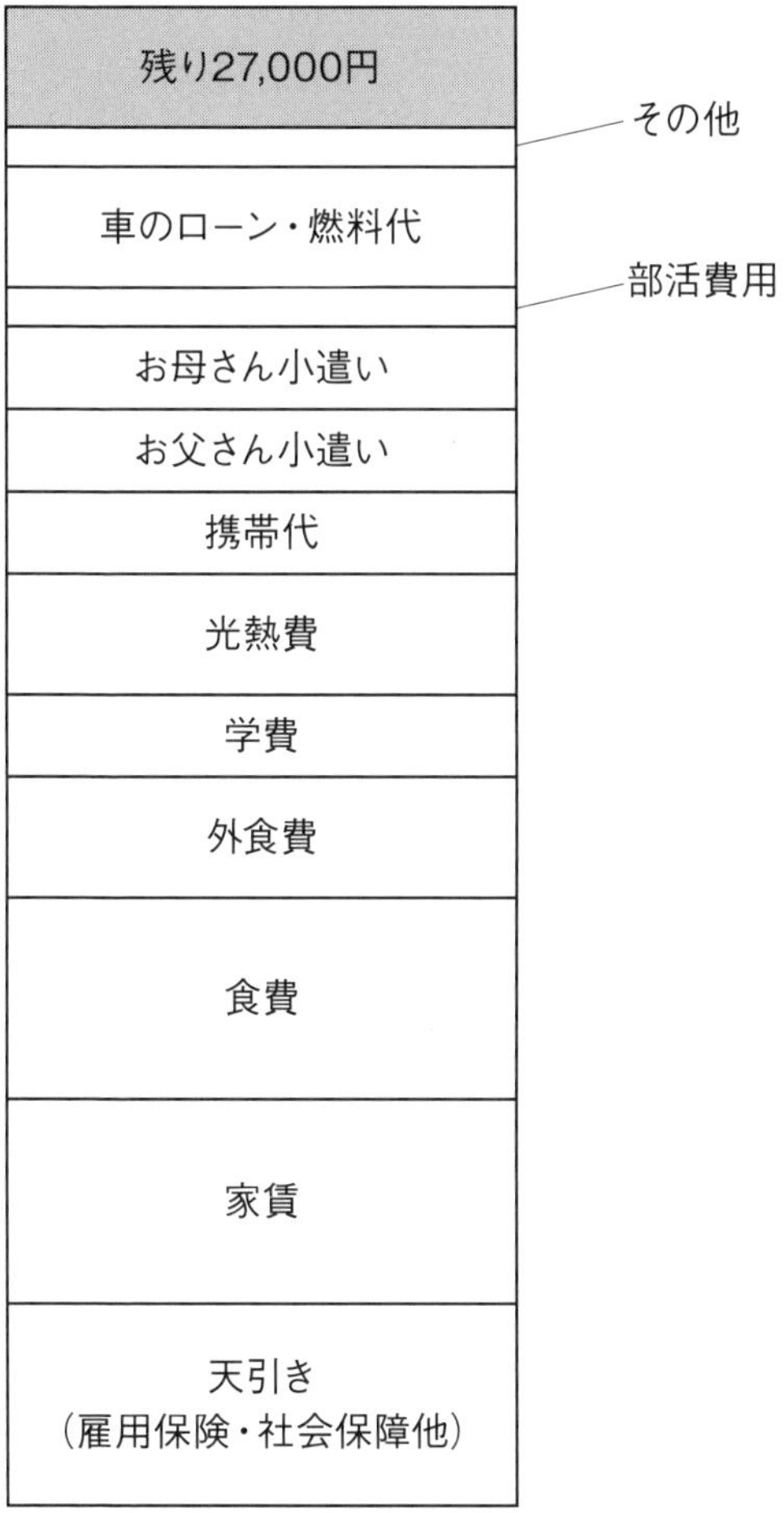

我が家の家計を子供にディスクロージャーする

父　じゃあ本題です。我が家の懐事情を説明するよ。パパの給料は80万円。年収は約1000万円だから平均の倍以上だ。社長だから自分の給料は自分で決められるんだ。

次女　へぇー、いいじゃん！　じゃもっと高くしたら？

父　（笑）。さっき説明したのは日本の平均の金額だったよね。例えば子供がもっと多い場合や家が実家だったり給料がもっと多かったりとかで色々変わるのは理解できるよね。パパの場合は経営者だから自由にできると言っても、実際はできないんだ。もちろん儲かっていれば問題ないけれど、儲かっていなくて会社の預金に残高が無ければ、給料をパパだけがもらえなかったりするのが中小企業の現実なんだ。だから会社がダメになったら、今の家も売ってアパートに引っ越して学校も転校することになるっていつも言ってるよね。

次女　いつも口癖のように言ってるからもう覚えちゃった（笑）。アパートならまだよくて、最悪の場合は通学路にあるあの公園にテント張って生活するんでしょ。

父　笑いごとじゃないよ、日本中の中小企業の社長さんはみんな同じ状況だよ。だから言いたいことは、お前たちの生活は親の経済と完全に連動しているってこと。それはサラリーマンとして会社に勤めている人の家の子供も全く同じで、親の経済と連動していてお金が沢山あれば選択肢が増えるし、少なければ人生の選択肢は減ることになるんだ。

次女　じゃあ、携帯ばかりいじってて生意気言ってたら話にならないね！　会社がうまくいくように願ってまーす。

ひと言　家庭の経済状況をディスクロージャーした方がいい
ひと言　お金持ちの家はそれまでの過程（努力）をディスクロージャーする
ひと言　資産家は子供が勘違いしないように説明する

子供に家庭内のお金の事情を説明するという例もほとんど聞いたことがありません。でもあえて説明をしました。どんな反応をするのか興味もあったし、隠す必要もなかったからです。何よりも中小企業を経営していると会社と私生活が表裏一体で、倒産すると翌日から子供も巻き込んで人生が悪い方に変わります。また当時の状況は父子家庭だったので、娘たちは相方《あいかた》であり運命共同体だと思っていたこともあります。

お金を貸すこと、借りること

父　ここまでは家庭内のお金の話だったよね。じゃあ次の質問。これも大事なんだ、仲のいい友達に「500円貸してくれ」って言われたらどうする？

次女　仲のいい友達だったら貸してあげるよ。

父　ちょっと質問が雑だったね。お金の貸し借りはよくあることだけど、注意しなければならないことがある。これは代表的なお金のトラブルの例だから説明するぞ。1000円貸した場合は次会った時にすぐに返してもらうのが普通で、貸した人は感謝されて借りた人は助けてもらった借りが残る。お金を貸し借りしている会社で言えば、金利をもらうことで完了する。じゃあ次に会った時に自ら返してくれなかったら？　当然聞くよね。そうしたら「今持ってない」とか「次に会った時に返す」とか言われると思う。でも、その次に会った時にまた友達が返してくれなかったらどうする？

次女　聞きにくいけど、こっちから聞かないと…。

父　そう、さらに聞きにくいよね。大人でも同じだよ。当然借りて返さない人が悪いのだけど、人間の中には一定の割合で返すことに無頓着な人がいるんだ。子供でもいる。そのタイプの人は返さないのじゃなくて都合のいい時に返せばいい、という自分勝手な論理を持っているんだ。それでだ、何度も「いつ返してくれるの？」と会うたびに聞くとどうなるか。「お金お金って、あなたってなんてお金にうるさいの、もういい加減にして！」と、今度は逆切れされるんだ。そして持っているお金を返す時に「これで気が済んだ？」と嫌味を言われる。

次女　貸した方が馬鹿見るじゃん！　なんか頭にくる。

父　当然だよな、でも覚えておけよ。こんな人は必ずいるから。個人間でお金を借りることを〝無心〟というんだ。漢字の通り〝心が無い〟ことだよ。遠慮なくねだり欲しがることを意味するこの言葉は元は仏教の言葉で、要は昔からあるということだね。10人いたら

1人はいると思った方がいい、人生の中で、かなりの確率で出会うと思っておいた方がいいんだ。そのような人はお金だけではなくて、色々なところでこのような行動をするからトラブルが多い、だから近づかない方がいいんだ。「お金を人に貸すのだったらあげたと思え」とよく言われているのは、そんなトラブルが沢山あるからなんだよ。だから貸し借りはしない方がいい。でもそんな人はまたお金に対する嗅覚が鋭くて、貸してくれそうな人を観察してそっと近づいてくるんだ。そして目的を達成したら本領を発揮してくるんだ。怖いだろう。

次女　やだー。こわーい。

父　じゃあ断る方法を教えるよ。断るというかトラブルを避ける方法かな。まずは次の3つ。

1　「貸してあげたいけど今持っていないので、ごめんね」と断る

2　「家の掟（大げさに言えばいい）で貸してはいけないことになっているので、ごめんね」と断る

3　困っている友達なら貸してあげてもいいけど、「いつ返してくれる？」と聞く。そしてその返事（金額・日付）を何かにメモしておいて、あえて友達に見せる。

父　勘違いしないようにもう一度言うよ。困っている友達になるべく貸さないようにしろ

と言っているのではなく、お金のトラブルを防いで友達であることを長続きするための方法を言っているんだよ。でも、大人になるともっと大きな金額になる。その時は4番目の方法があるんだ。

4　「借用書、連帯保証人とその印鑑証明書が無いと貸せない」と言う

父　4番は子供の中ではないだろうけどね（笑）。だんだんハードルが高くなっていくでしょ？

次女　そんなことがあるんだねー。

ひと言　**友達とはお金の貸し借りはしない方が長続きする**

お金にまつわる人の種類

父　世の中みんなお金に関係して生きている。沢山お金があれば貸し借りなんてなくて問題なんて起きないと思うだろうけど、それも違うんだ。お金持ちは沢山いるけど、そこには2種類の人がいる。

次女　すごいお金持ちと大したことないお金待ち！

父　ははは━、「当たり！」と言いたいけど違うね。答えは次の2つなんだ。

1　お金に支配されている人＝お金の奴隷

2　お金と上手に付き合っている人＝お金と友達

父　この2種類だよ。簡単に言うとだいたいのお金持ちは、1のタイプ。お金が沢山あってもトラブルが多くて人気のない人で、いつも自慢ばかりして他人にはケチで損得の計算ばかりしているタイプ。それに対して2は、普通にしていても紳士的で何か余裕や自信を感じさせて楽しそうにしている人、かな。これはお金持ちじゃなくても同じで、お前も大きく分けるとどっちかに所属するんだぞ。

次女　やだ━、絶対に2になる。

父　そうだよね、1じゃ恰好悪いし、これじゃいくらお金があっても馬鹿にされるし、可哀そうだよね。じゃどうしたら2になれると思う？

次女　必殺技があるの？

父　これは「こうしたら2になれる！」といった方法があるわけでもなく、その人の生まれ育ちや受けた教育、経験や性格などが大きく影響した結果そうなるんだ。だからね、もうすでに中学生のお前にも宿りつつあるんだよ。もしかすると、もう持っているかもね。

次女　ええー、どっちに見えるの？　どっちどっち？

父　うそ！　まだ見えないから大丈夫だよ。この2種類のことをもう少し説明すると、こ

図1−3

のような人のタイプはお金だけではなくて思考回路や発言にも特徴があるんだ。

父　でも仲のいい友達でも、いつもは楽しい友達だけどお金の部分だけ違和感があったりする場合は、そこだけ別に切り取って、できるだけお金にはかかわらないで付き合えばいい。パパの周りにもそうしている人は沢山いるから。

お金を貸す、借りる時の心理

次女　分かった！　でもそういう風に分けて付き合いできるのか心配だなぁ。

父　学生の時には大きなお金にはならないと思うけど、大人になって数十万円とかもっと大きい金額の場合になってくると、また別の話がある。経済社会の中で生活をしているとどうしても手持ちの資金では足らずに賄えないことも出てくる。大人になって金融機関以外からお金を借りることは、ある意味恥ずかしいことになる。借りるなら、お金を貸して金利を得ることを商売にしている銀行や金融機関から借りるのが一番いい。パパたちの間では銀行から借りるのは一番安いっていうね！　後は消費者金融というのがあるけど、そこは銀行よりも何倍も金利が高い。でもそういうところからすら借りられない社会的信用がない人が、個人間の貸し借りになっていくんだ。結局はこれが一番高くつくんだけど、借りなきゃしょうがないからその時は選べない状況だ。そういう人たちはお金が必要な理由を本当は言いたくないんだけど、理由を言わないと誰も貸してくれるわけがない。だからカミングアウトのように自分の借りる理由を話して借りようとする。その場合は見ず知らずの人からお金を借りられるわけがないから、知っている人が相手ということになる。その知人にお金が足らないと、恥ずかしいことを告白するわけだから、その人も勇気がいる。要するに「助けてください！」というわけだ。その時、まあ内容にもよるけど「貸せません」という全くのゼロ回答だとどうなると思う？

次女　その人は恥ずかしいと思っている、お金が必要な理由を勇気をもって告白したのに、お金を貸してもらえなかったってことだよね。んー、ちょっとかわいそうかな。

父　その通りだな。貸すお金が無かったら仕方ないことなんだけど、借りる方はそんなこと分からないよね。「貸したくないから嘘をつかれた」と思うかもしれない。そしてそう思われて、さらに貸してくれるお金がゼロだと、その人との関係がそこで終わってしまうことになるかもしれない。借りる側が自分にとって嫌な人だったらそれでいいけど、そうでなかった場合はお互いに残念な気持ちになると思う。なので人にお金を貸してほしいと言われた場合には、結構緊張するものなんだ。パパの場合は今後も付き合いたい人だったら、貸してほしいという金額にもよるけど、まず金融機関から借りる方法を一緒に考えてあげる。次に断り方の4番にあった、信用できる人の連帯保証人付きの借用書を求める。そしてさらに、借りたい理由と金額的に少しトラブりそうな気配がしたら、希望の金額の10分の1か20分の1くらいを返ってこないものとしてあげてしまうかなぁ。これを「武士の情け」といって、弱い者の要望を手ぶらで返さずに少しは情けをかけてあげるという意味なんだよ。この裏には恨まれないようにするという大事な意味もあるんだ。この恨み、または妬みというのは、こちらが何かをしたなんてこともなく相手が勝手に思うことで、身に覚えがないこともある。恨み・妬みはその人の心の中に住み続けだんだん大きくなっていくんだ。お前は出しゃばりなんだからやたらに自慢したり、インターネット掲示板なんかで下手な投稿はしない方がいいぞ！

次女　やだ怖～い、慎重にするー

ひと言　**恨み・妬まれないようにする**

ひと言　**武士の情け**

父　そしてここが一番大事なところだから、よく聞いて！　正しく一生懸命生きて優しい人でも、お金に追われることになるとそういう人ではなくなるんだ。返済することへの正義感と切迫感が冷静な判断を狂わせ、一番手っ取り早い身近なところから借りようとしてしまい、次から次へと自転車のように借りまわって経済的に破滅してしまう。最後には返済日に返せなくなり、自分自身も追い詰めてしまい人から逃げるようになって鬱っぽくなってしまう。そうなると家庭もおかしくなり、友人もいなくなってしまうということになる。だからお金を借りる時はよほど注意して慎重にしなければならない。無理して自分の身の丈を超えてはいけないのが原則なんだ。これは今のパパでも学生でも同じことだよ。

次女　いい人も悪い人になっちゃうんだ、お金って怖い！

ひと言　**良い人でもお金に追われてしまうと悪い方に人が変わる**

図1－4

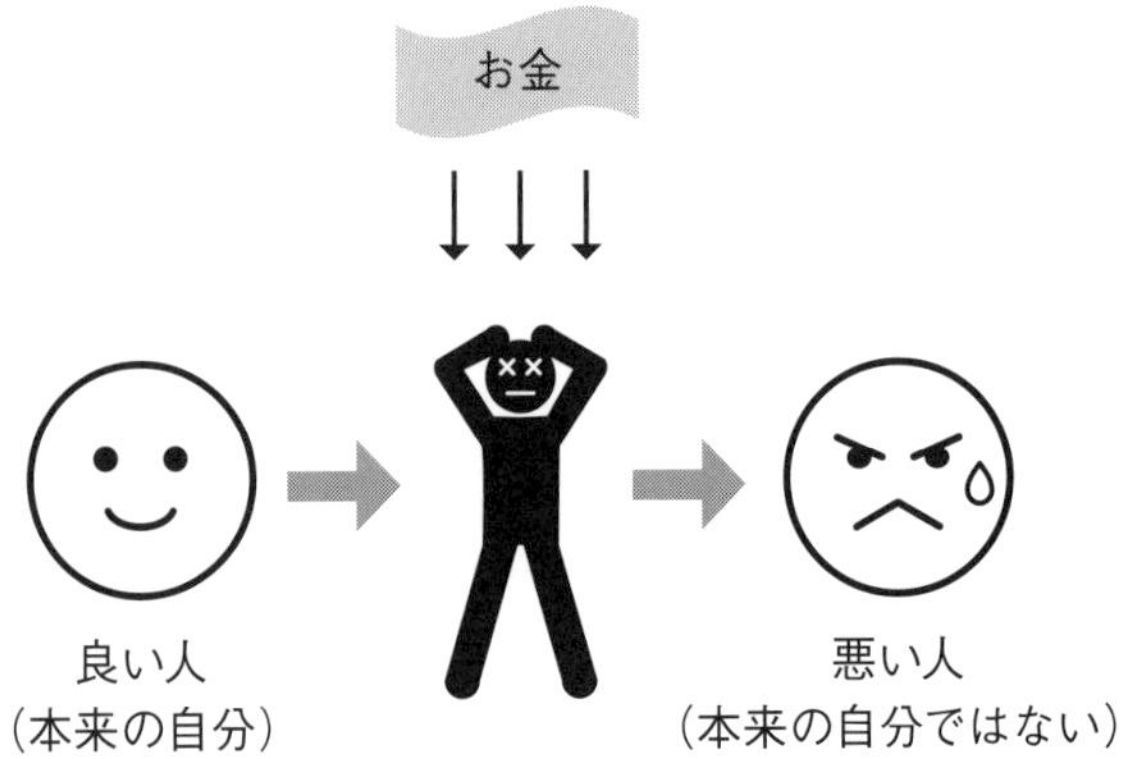

契約書とは

父　契約書って何だか分かる？

次女　何か契約する時に書く紙でしょ。

父　そう、その通り。学生の時はあまり関係ないけど、大人になったら必ず出てくるから知っておいた方がいい。なので契約書の概念を言っておくよ。契約とは、例えばAさんとBさんが何かの取り決めをしたとしよう。それを証明するのが契約書になる。紙で残っていれば証明する証拠になるだろう。お金を貸す時に紙に書いて相手に見せる、といったよね。それに相手もサインすれば簡単な契約書になるよ。例えば会話の中で何かの約束をしたとしてもそれは口約束として契約が成立している、となるんだ。でももしトラブルになったらそれを証明するものが無いだろう？　だから契約書というのは、トラブルになった時のための証拠書類だ。色々なことにはトラブルがあるという大前提で人間社会が編み出した知恵、と言えるかな。

次女　みんな、そんなにトラブルが多いの？

父　無いのがいいに決まっているけど、残念ながら多いね。でも契約書があるとトラブルは少なくなる。アメリカでは結婚する時に、離婚した時の条件を契約書で作っておくんだってさ。

次女　そんなんだったら結婚しなけりゃいいじゃん！

父　パパも最初はそう思ったよ。でも今はすごく合理的だなと思っている。将来の参考に教えておくよ。人というか男女の例えで言うと、付き合い始めとか出会ったばかりの惹き合う、惹かれ合う時はお互いに夢を語り合っていて何から何までバラ色に見えてくる。いつも甘い言葉をささやき合うんだ。毎日会いたい、そう思うでしょ？

次女　多分そうなんだろうね！

父　ませているお前はすぐに分かると思うよ（笑）。でも悲しいけど大体別れる時は、相手を責めて非難してひどい言葉を投げつけて、時には罵り合って顔も見たくないとなる。くっつくのは簡単だけど、別れる時が大変なんだ。ものすごくエネルギーを使う。男女だけでなく会社と社員や企業同士でも似たようなこともある。みっともないと思うかもしれないけど、実際にそうなるんだぞ。当人同士でどうにもできなくなった時にそれを解決するのが弁護士さんだ、世界中に沢山いるよね。だからトラブルは前提としてあると思っていた方がいいんだよ。

次女　（鼻の穴を広げて）ふ〜〜ん。

連帯保証人になってしまう心理

父　これだけじゃないんだ、まだある。特に連帯保証人には気を付けないとならない。その人が何かをする時に資金が必要で、その人の信用だけでは借りられない時に追加で保証してくれる人を、連帯保証人というんだ。「連帯保証人になってほしい」と求められる場合、頼まれた側は親兄弟や親戚、またはある程度知り合いのことが多い。そして相手を助けてあげたい、または助けるためにかっこつける、断るのがかっこ悪い、嫌な奴だと思われたくない、などの理由ですぐに承諾してしまう、というのがよくある流れなんだ。でも、連帯保証はできるだけしない方がいい。どうしても形式上必要だということが理解できて、さらに心配もないというなら、自己責任でやればいい。ただ、貸した場合はお金が返ってこないだけで済むんだけど、借りる側の連帯保証人になっていた場合は、そこでトラブルが起きるとその人との関係が終わるどころではなく、自分が返済相手から金額の全部を完済するまで追われることになるから怖い。それは家族間でも同じだ。血縁といえども、家庭や経済は全く別だと考えた方がいい。もしするなら覚悟をしてハンコを押すことだ。実印といわれる重要なハンコには上下の目印が無い場合が多いんだ。それは印鑑をつく時に上下を確認する時に「本当にいいんですか？」と再確認するメッセージも含まれているんだよ。親子間、兄弟間、親戚間と色々な関係があると思う。トラブルになると親戚縁者は他人との関係と違って遠慮がないから、言ってはいけない言葉や態度で簡単にハードルを飛び越してしまい、感情をむき出しにできてしまう。そのせいで他人よりも大きなトラブルになり、互いに憎しみ合うまでになってしまうことが多い。それを「骨肉の争い」ともいう。そうならないように、その時はパパの言葉を思い出してほしい。

次女　ふーん、そんなのは嫌だよね。でもお金ってなんかトラブルだらけみたい。

父　ははは ー、今の話を聞いているとそう思うよね。でもこれはトラブルを防ぐためにトラブルの例だけを伝えているからな。

ひと言　**血縁・縁者とのトラブルは「骨肉の争い」になりやすい**

ここまでは、お金に関するトラブルや心理状態を子供の知識レベル＋アルファ程度に合わせて説明しました。これだけでは片手落ちになってしまうので、次はお金の利用の仕方の話をしていきます。

投資と融資の違いについて

父　お金を上手に利用している人もいる。投資って分かるかい？
次女　分かんない、投げるって書いてあるよね。
父　じゃあ融資は？
次女　もっと分かんない、今度は融けるって書いてあるね。
父　そう、日本語の漢字は分かりやすくていいね〜。この「資」っていうのはお金という意味でいいよ。そうすると「お金を投げる」「お金が融ける」ということになると正解だよ。前に教えたお金の貸し借りの話は、将来へのトラブル防止対策だった。今回の話は、お金の利用方法になるかな。今は関係ないかもしれないけど、社会人になった時の知識として軽く知っておくといいよ。融資は簡単だ、金融機関からお金を借りること。個人間でも使うかな。「融」という漢字になったのは、大昔からお金が返ってこずに「融けてなくなる」事例が多かったからなんだろうね。投資が「投」という字なのは、儲け話に皆がお金を投げるかのように集まってくるとイメージすれば分かりやすいよ。

次女　中学生で投資とか融資なんて誰も知らないよ。

父　まあ知るわけないよな。投資っていうのは、お金が増えて戻ってくるのを期待して人や金融機関や何かに対してお金を自ら払うってことかな。以前したお金の貸し借りの話は、人から頼まれたから払う、だったよね。投資もお金を支払うこと自体は同じで、自分の手元からお金が離れてしまうけど、目的が違う。増やすために自ら支払うんだ。

次女　増えるんならそっちの方がいいじゃん。

父　そう思うだろうけど、必ずしも増えるとは限らない。お金がなくなってゼロになる可能性もあるんだ。

次女　なくなるの？　1円も返ってこないの？

父　そう。お金が返ってこない可能性もあるってこと。支払ったお金のことを元本というけど、それが保証されていないんだ。リスクとリターンという言い方をするけど、お金が返ってこないかもしれないことがリスクで、リターンは増えること。自分の時間を使わずにお金自身に働いてもらうことで儲けるのが投資の目的だ、貸し借りの行為は金利を付けて返済することで完結だけど、投資はリスクとリターンを理解した上でお金を出すことだと知っておけばいいよ。これに関係する情報は山ほどあるから、興味があるなら自分で勉強してみて、分からないことがあればパパに聞いて。気を付けたい点は、偶然に出会った儲け話に「なんていい話なんだ。チャンスだ、何とかそこに参加したい！」と思い、実力以上のお金を出してしまうことだね。投資するためにお金を借りるなんてもってのほかだ。儲けに目がくらんでしまい自制心を失ってしまったら終わりだよ。

次女　貸し借りの時もそうだけど、自分がちゃんとしていればいいんだよね。でもいろいろあるんだなあ。

父　そう。でもね、自分はしっかりしていると思ってもね、ふとしたところで気が緩み心の隙間に入り込まれ「儲けられるよ～」って小声でささやかれるんだ。そうすると「まあいいっか」となる。これを「魔が差す」っていうからね。

次女　やだー、悪魔の魔だ！　もっと怖くなってきた。

父　ははは－、悪い例の話をしたけど、投資は日常あちこちに存在していて良いものも沢山あるし、人生では何かしら投資する場面に出会うことになると思うよ。学校以外でお金を払って何かを勉強して、知識やスキルを身に付けたいとする。それを「自分に投資してる」って言うとかっこいいぞ。

次女　あっ、かっこいいね～。これからそれ使う！

図１－５

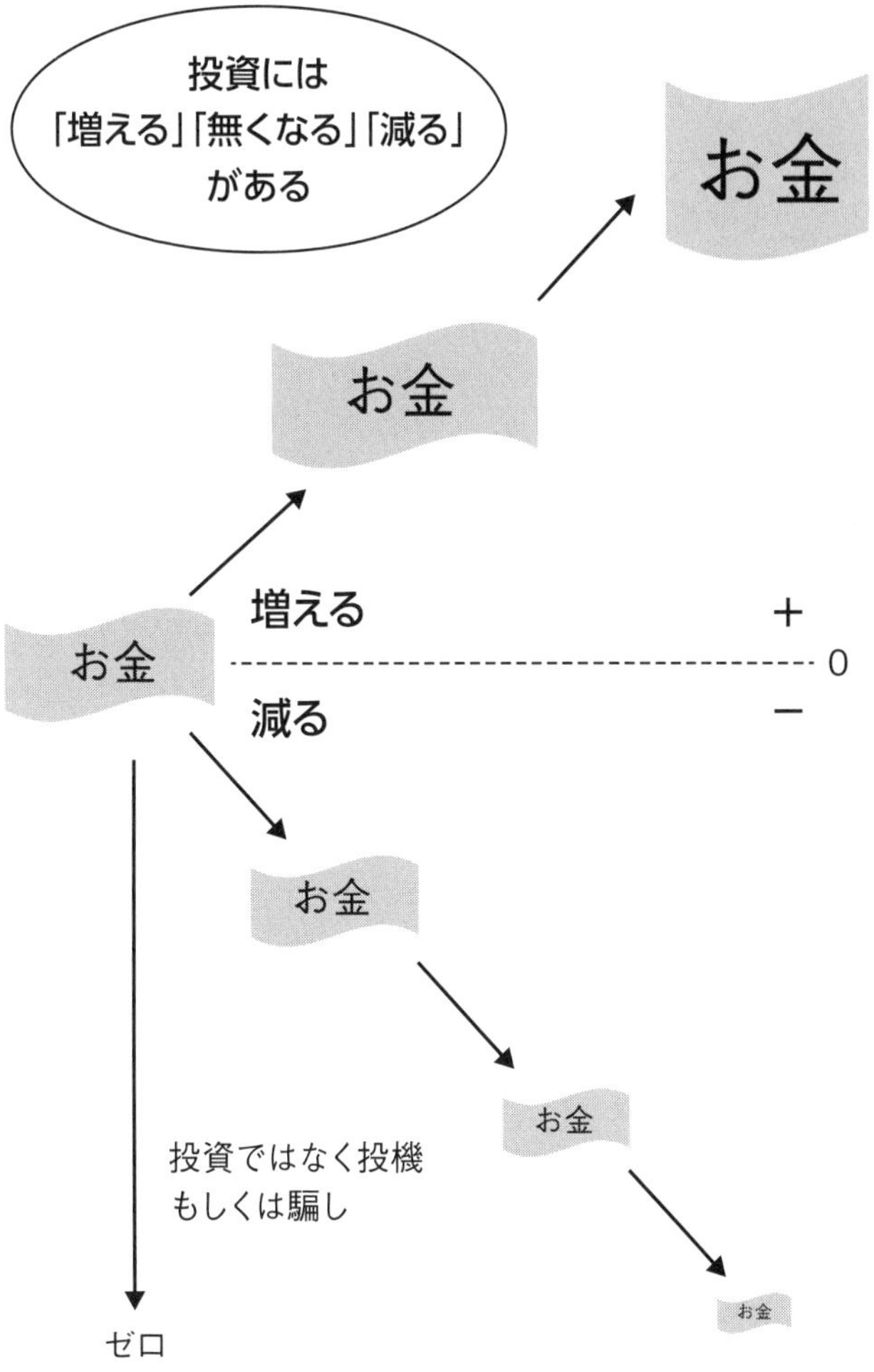

ひと言

投資は人生では必ず出会うもの、危険なものも安全なものもある

お金と社会の関係とは？

父　今まではお金の裏面の話だったけど、逆にお金の表面も説明しておかなきゃな。社会人となって働く意義は何だと思う？　まだ分からないと思うから説明するよ。

1　経済的に自立すること
2　仕事を通じて自身の成長を促すこと
3　税金を払うことで社会の一員となること

父　大体この3つになる。これは大学生になって就職活動する時、入社試験の面接での模範解答になるから、暗記しておいたらいいよ（笑）。

次女　はーい。

父　1は分かるだろう、今パパがやっているようにお金を稼いで自分の生活を成り立たせて、自分の趣味や楽しいことができるようにする、ということだね。で、仕事は組織で行うため上司や取引先や相手がいるから、その要求に応えなければならない。そのために知識や経験を積んで生産性を上げて、自分自身を高めることになる。これが2だね。趣味や娯楽は自分が楽しむことでストレスを発散するので、仕事は真逆になるんだ。だから趣味はいい仕事をするために絶対に必要だぞ。3はまだピンとこないと思うけど、例えば舗装された道路とか夜の街灯とか市役所のサービスとか、会社以外の生活をしていく時の自分の周りの環境、インフラともいうけど、これは個人や会社が払う税金で賄っているんだ。なので「自分だけ払わないで済んだらいいな」なんてことは無く、しっかり取られるから心配しないで大丈夫。特に重要なのは1で、少ないよりは多い方がいいよね。じゃあ、なぜ多い方がいいの？

次女　だって欲しいものが全部買えるじゃん！

父　そうだよね、欲しいものややりたいこと、おいしいご飯も全部お金が解決するから、確かにあった方がいい。じゃあ、どうしたら沢山お金が手に入るの？

次女　大きな会社に入って偉くなるか、教祖様になる！

父　教祖様（笑）？　ずいぶんだけど偉くなることには変わりないか。親が子供に「勉強しなさい！」っていうのはよく聞くだろ？

次女　そう、同級生はみんな言われていて、「もううるさいっ、分かったから」って、お母さんといつも喧嘩しているよ。

父　そうだろうね、でもそのお母さんは正しいんだよ。ただし、なぜ「勉強しなさい」っていうのか、その理由をちゃんと子供に説明しないと子供はやらされているばかりで、テストの点数を褒められるだけになっちゃうと思わない？

次女　そうだよね、確かに点数だけ気になっちゃうかな。偏差値は進学の時には気になるけど、いつもは出てこないし。

父　答えは簡単なんだ。勉強ができるといい大学に行ける、いい大学に行けるといい会社に入れる、いい会社に入れると沢山お金がもらえる、沢山お金がもらえると幸せになれる、ということで、お母さんは子供に幸せになってもらいたいから「勉強しなさい！」って言うんだ。

次女　何となく分かっていたけど、やっぱりそうなんだね。

父　結局親が「勉強しなさい」と言う最終的な理由は、お金に関係することになっているよね。お金があると自分の人生が変わるのは事実だよ。大きな会社で働くことがいいのは、安定していて倒産の心配がないから。それに休みの日数とか待遇がいいからなんだ。また、お金だけではなく高いレベルの人や仕事に出会うことで自分の成長も期待できる。だけど全部がいいわけではないんだ。そこには学校では習わない社会の仕組みがあって、お金と紐づいているんだ。

ひと言　**お母さんが言う「勉強しなさい！」は正しい**

図1-6

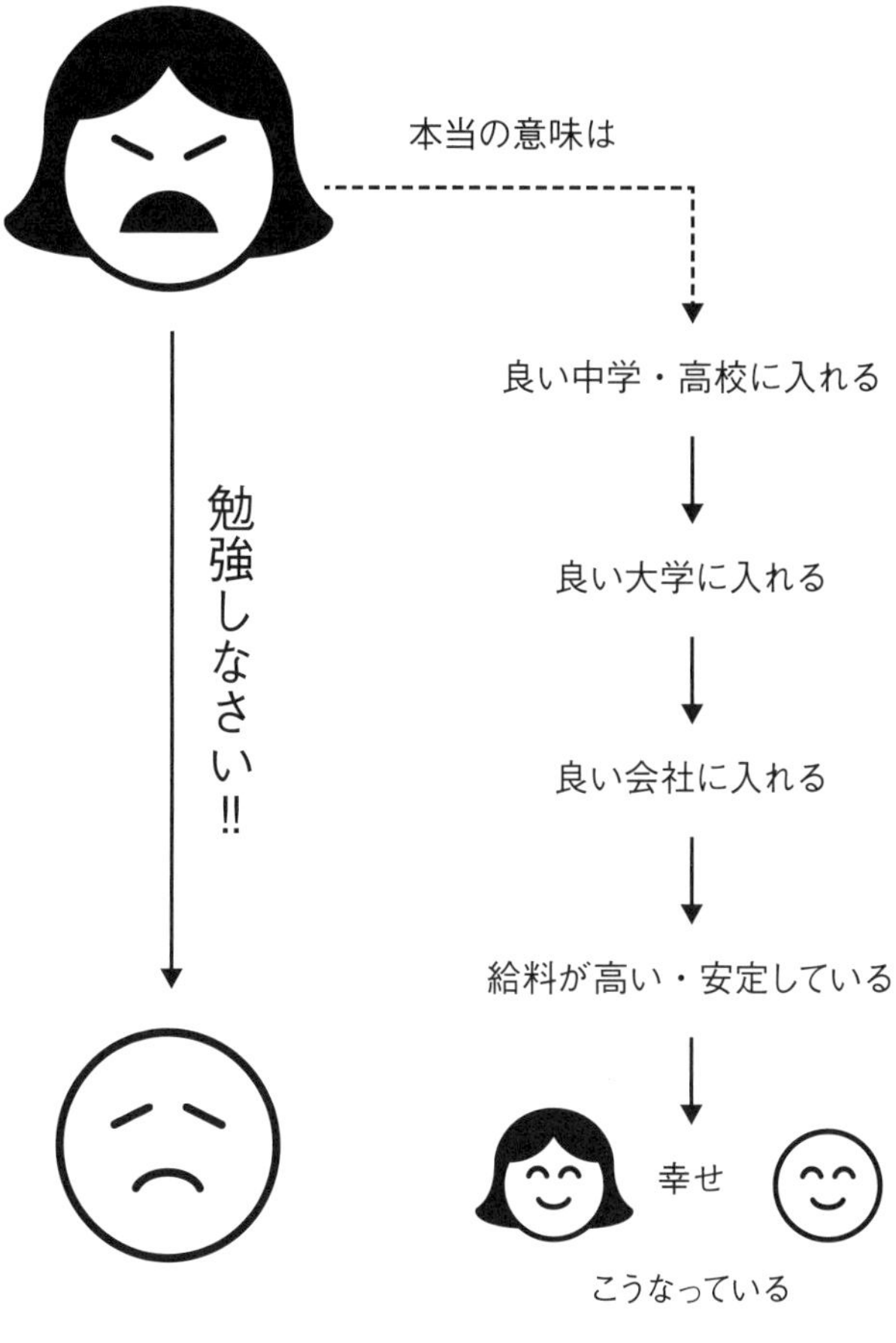
本当の意味は
良い中学・高校に入れる
良い大学に入れる
良い会社に入れる
給料が高い・安定している
幸せ
こうなっている
勉強しなさい!!

社会人になって見聞きする多くの問題（トラブル）は〝お金〟のことです。これはほとんど全ての人が経験していることなので、異論はないと思います。でも、この本をご覧になっている子育て世代の方で〝お金〟の教育をされた方、されている方はほとんどいないのではないでしょうか。前述のように、〝お金〟に関することは学問ではないし、学校教育のカリキュラムにもこれまでありませんでした。今は学校でもお金の教育が始まっているとはいえ、それだけで十分でしょうか。そのカリキュラムはお金全般についてを教えるものです。でもお金との付き合い方を教えられるのは身近な親か祖父母か親戚くらいのはずです。経営者やサラリーマン、公務員、自営業者など何らかの職業に就いている、就いたことのある方々はすでにお金に関する様々な経験と概念はそれぞれお持ちだと思います。自分の愛する子供・人がまだ社会人になる前に〝お金との付き合い方〟をそれぞれのやり方で教育していくことが、子供との信頼関係や良好な人間関係を保つことの1つだと思います。先に社会人となって知り得た経験をまだ何も知らないまっさらな子供に教育していくことは、躓かないように先導する者の役目でもあると思います。

カマタニメソッド

入り口

- 我が子が興味あると思うところから
- 収入とは
- 平均年収とは

我が家のこと

- 我が家の家計を計画的に説明する
- お金を稼ぐ大変さと努力の説明
- 親へのリスペクトにつなげる

お金の貸し借り

- 大小のトラブルについて
- 色々なその心理
- その解決方法

お金の社会の役割

- 投資や融資等
- クレジットカードやサブスクや住宅ローン等
- お金に働いてもらう

「会社を経営していく中で、今でも父に相談することがあります」

次女

私は今、東京で昔からあるモノやコトをプロデュースする会社を経営しており、代表作である「秘蜜な焼き芋」がメインブランドです。

まだ30歳そこらなので起業家としては若手の部類に入ると思うのですが、幼い頃から父の教えを受けてきたことが、今の人生に結びついているのは間違いありません。

この章に記されているようなお金の話も含め、子供の頃から父には本当に多くのことを教わってきましたし、今なお会社経営のことなどで相談することも多いです。起業したことも、父の教えと無関係ではありません。私は大学を卒業して上場企業2社で働いた後、20代のうちに起業しました。人生の早い段階でこういう道を選べたのも、私が小さい頃から父が私の適性を見出してくれたり、話の中で「お前は独立する可能性もあるけど」という前置きをしながら話してくれたりした部分が影響していると感じています。大学卒業後すぐに起業するという選択肢もあったとは思いますが、そうしなかったのも父のアドバイスを受けたからです。起業する前にまずは組織の中に入って学べ、と。ただ父からすると、もう少し長く企業で働いた後に独立すると思っていたようで、会社を辞める時には「もうちょっとやれよ～」と叱られたりもしたんですが（笑）。

幼い頃から「お金との付き合い方」を教えられてきたことは、今の会社経営もそうですが私の人生で本当に役立っています。細かい話を教えられたのはこの本にあるように中学生になってからなのですが、実際にはもっと小さい頃からお金の重要性は聞かされていました。１つ具体例を挙げると、実は私は小学校に入る前くらいから「家計簿」を付けていたんです。お小遣いレベルの支出と収入の「家計簿」なんですが、この20数年間ずっと赤字の月がないことが私の自慢です。お金をしっかりと自分で管理することの必要性を子供ながらに感じて始めたんですが、手書きのノートがすでに何十冊分にもなっています。そういうことが癖づいていたので、起業した際も支出と収入のバランスをざっと頭の中で計算することができたので、経営には役立ちました。もちろん会社には経理担当もいるのですが、ベンチャーや中小零細企業だとそこを経営者がしっかり把握していないと命取りになってしまいますからね。実際周りを見ていると、起業したのにそこで躓いてしまうという人も多いんです。

もう１つ大きな影響を受けているのが、「お金の貸し借り」について教わったことです。お金の貸し借りをしては駄目ってことも大事なんですけど、してはいけない理由も説明してもらったことがより大きいですね。お金はそれだけ繊細なものであり、上手に使わなければお金に呑まれてしまう。その考え方が、私の基本になっています。実際、私はこれまでお金の貸し借りをしたことがないんです。もちろん子供の頃に友達と遊んでいて、何か食べ物や飲み物を買う際に100円、200円が足りないなんて時には出してあげることもありました。でもそれも父からの教えにあるように、貸すのではなく足りない分だけあげるようにしていました。それ以上の大きな金額になると、「うちのしきたりでお金の貸し借りはしてはいけないことになっているんだ」と言って断っていましたね。その考え方は今でも持ち続けていて、実は私の会社も無借金経営なんです。もちろん規模もありますが銀行からの借り入れも行わず、自己資本で運営しています。これも父の教えからの影響ですね。

ただ周囲を見渡すと、やはりお金の考え方に対する基礎がなくて、トラブルを抱え込んでしまっている人もかなりいます。私の事業は若いインフルエンサーを起用して焼き芋を販売していくスタイルがメインなため、いわゆるZ世代やミレニアム世代の若い子たちと一緒に仕事をしていくことが多いのですが、やはりその子たちの話にも「自分の友達にもお金の貸し借りでトラブルが起きてる」なんて話もよく聞きます。なので自分の大事なスタッフ達が痛い目を見ないよう、父から教わったのと同じように、私もスタッフの子たちにお金の考え方について教えたり、相談に乗ったりということもしています。例えば以前、20歳のスタッフから「私、大学を出たら独立して自分のやりたいことをしたいんですが、会社に入るかいきなり独立するか迷っています」という相談を受けて、私は父の教えや自分の経験も活かして「独立したい気持ちは素晴らしいし応援するよ。ただ、そのやりたいことに関してどれだけ知識があって、準備があって実行できるのかな？　一度就職して、組織の仕組みや基礎社会経験を積んでみるのも手だと思うよ。もしかすると、組織の一員で自分が最高に飛躍できるかもしれないし、やっぱり自分で起業しよう、なんて思いも出るかもしれないからね」と言うと、実際にその子は自分に合った会社でやりがいのある役職で元気に働いています。こういう考え方ができるのも、そしてそれを分かりやすく提示してあげられるのも、父の教えがあってのことだと感じています。

コラム　家庭内教育の実践での決まり事

この本では、私が娘たちに実践した家庭内教育でのやり取りをできる限り具体的にご紹介したいと思っています。各章の最後には、私がどの順番で娘たちに話していったのかを一覧にした表も付けています。この表に沿って、ご家庭ごとの実情も交えながらお話しいただけると、伝わりやすいのではないかと思っています。少し気恥しいですが、これを「カマタニメソッド」と名付けました。ご参考いただけますとこれに勝る喜びはありません。

ただ、私のこのメソッドに沿って話をしただけでは不十分です。家庭内教育を実践していく上では、決まり事が必要になります。私の場合は、次のような7か条の決まり事を必ず守るようにしていました。それぞれご紹介したいと思います。

Ⅰ　押し付け・決めつけを絶対にしない

今回私が提唱する家庭内教育は、「躾け・マナー教育」ではありません。躾けやマナーは各家庭で日常のあらゆる場面で行うことができます。当然実際に行われているでしょうし、人間社会の中での立ち振る舞いですので必須だと思います。今回の家庭内教育は「学び」ですので、意味を知って考えて理解することが中心です。そのために、教育する人は相手のレベルに合わせて伝える事が重要で否定はせずに〝導いていく〟ことが重要になります。

2　父母で方向性を事前に話し合いをする

この教育は毎日必ず行わなければならないものでもなく、時間も期限もありません。私はこの本で、大きく4章に分けて実践したことを書きました。ある程度の期間や方向性と着地点を簡単に決めておくことが大事です。ですが夫婦の皆さん全てが、仲が良いとは限りません。ただ私はたとえお互いを無視している関係であっても、自分たちのお子さんの幸せを願わない親は存在しないという前提に立っています。今回この本をきっかけに実践しようと考えていただけるようでしたら、勇気を出して子供のための夫婦の会話をしてみてください。会話ができないなら、一言断った上でご自身だけでも実践してください。頑張ってください！

3　先生と助手と書記を決める

例えば父親が話している最中に途中で母親から反対意見を言われたら、聞いている子供側は当然混乱します。主導する先生は父親か母親の1人にして、もう1人は助手に回って先生役に意見を求められない限りは絶対に発言しないとしてください。通常お子さんと触れ合う機会が多いのはお母さんだと思いますので、場の緊張感を出すためにもお父さんが先生役をするのがいいと思いますが、各ご家庭の状況によって決めてください。あくまで家庭内教育なので、いつもの家庭内の雰囲気だと子供側が飽きたり集中せずに乗ってこなかったりする可能性があります。書記はお子さんがいいと思います。書くことで記憶が高まります。次回の家庭内教育を行う時も、前回の確認と続きから自然に入れます。社会に出た時に求められる「議事録」の始まりにもなるのではないでしょうか。

4　次回の宿題を出しておく

どの教育にも導く方向と流れと連続性があります。私が実践してきた中での反省は、これまでとかけ離れた話題を出してしまって子供は対応できずに、先生の演説になってしまったことがあることです。例えばお金の話では「次はこれを話すから考えておいてね」と予習させることで、子供は考えます。学校の教育は教科書に沿って進めなければなりませんが、家庭内では違います。家庭内教育での教科書は先生の頭の中にあるご自身の実践経験と想像と創造です。お子さんの興味を引く話題が重要です。

5　短時間でやる

ご存じの通り、子供の集中力は長くありません。お子さんの状況を見ながら適当な時間で切り上げてください。また、当然テレビは消してあえてスマホも電源を切ることが緊張を高めます。そのことによって「何か始まる！」と予感させることができます。この状態がデフォルト（基本）となると、後は簡単です。もし子供からの質問や集中が続くようなら、時間を決めずに続けてもらえるといいと思います。

6　褒める

心に余裕がない人は否定が得意です。またネガティブな人は「ドリームカッター」とも言われ、相手を落として自分を守ります。ですが今回は自分が主導する先生の立場です。大人でもワンちゃんでも褒められればうれしいものです。褒められるために頑張るでもいいのです。褒めることは相手を認めることでもあります。第三章でも書いていますが、できるだけ否定はせずに計画的に褒めましょう。いいことだらけです。

7 絵や図を多用する

漫画がこれだけ市民権を得て世界中に広まっているのは、明快な面白さと分かりやすさがあるからでしょう。「歴史教科書も漫画だったらよかったのに！」と、今でも思います。言葉だけより絵や図の方が伝わりやすいのは会社でも同じです。人は文字に加え関連した絵や図があると、先にそちらを見るものです。子供ならなおさらでしょう。その絵は準備しておくか練習しておけばいいと思います。たとえ下手でも笑いが取れるので、効果抜群です。この本にもあるように、私も絵や図を多用していました。

家庭内教育を実践するには、この7か条を念頭に置いていただければと思います。

また今回この本を出すにあたり、娘たち2人も家庭内教育を受けての感想や役立ったことを寄せてくれました。各章の最後で紹介していますので、こちらも何かの参考になるとうれしいです。

第二章

社会の仕組み

お金から見た社会人の仕分け

第一章では次女に対して「お金の仕組み」について話した場面を紹介しました。「お金」について教えるなら、切っても切り離せないのが「社会の仕組み」についてです。その2つは密接に絡み合っているからです。「お金」の話を終えたところで、長女も交えて「社会」についても次のように話し始めました。

父　これからお前たちが学校を卒業して社会に出ていった時に必要なことを教えるよ。学校の授業で「社会」や「公民」という科目があるだろう。まああれの現実版って感じかな。

長女　大学を卒業した後の話だね。

次女　学校で習うのとは違うの？

父　学校の授業は教科書に沿って先生が説明していくよね。でも、教科書は必ずしもその授業の直前に作られているというわけじゃない。社会はどんどん変わっていくので、教科書に載っている内容が時代遅れになっていることもあるんだ。特に景気に左右される人と、全く左右されない人に分かれると、お互いに言い分も違うんだよ。特に学校の教師は景気に左右されにくい職業だから、先生だけでは上手く伝えられないんじゃないかな。前にしたお金の話とこの社会の仕組みはとても関係性があるから、知っておいた方がいいんだよ。

次女　ふーん、そうなんだ。

父　よくさぁ、「大きくなったら何になりたい？　どんなお仕事したい？」って聞かれるじゃない？

長女　私はお医者さんになるよ、テレビで見たあの先生みたいになるんだ！

長女はこの時医学部を目指して勉強していました。進路を決めた時の話は、また後で述べます。

次女　うん、何度も学校でそんな授業があった！　パティシエとか女優とかね。でもそれってただの憧れで、そんなんじゃダメなんでしょ？

父　いやいや、ダメじゃないけど。なりたい夢が仕事になったら最高だよ。でもなかなかそうはいかないんだよなぁー。好きなことはストレスもなく純粋に「それがしたい」「楽しい！」と思えるでしょ。それができること自体が幸せとなる。ところがその好きなことを仕事として考えると、それでお金を稼がなければならない、となる。順調なら最高だけど、思うように売り上げやノルマが達成しないと、楽しむのではなくて目的を達成するための手段になってしまう。「売り上げ」というお金にしないとならないからね。そうすると、なぜか楽しくなくなることが多いんだ。

次女　難しいことはいいから早く説明してよ。

長女　そうそう。

父　では、現実の社会はまず大きく分けて2種類で、その後さらに2つに分かれる。まずはたった2つだぞ。

A　お金を払う人

B　お金をもらう人

父　Aの払う側はもちろん社長さんだけど2種類あるんだ。オーナー社長とそれ以外の社長の2種類で、一般的に社長というと皆同じだと思うけど違うんだ。よく株式会社という言葉を聞くと思うけど、その株式を持っているか持っていないかに分かれる。会社の絶対的権利は会社の株を持っている株主なので、一番偉いのは社長ではなくて株主なんだよ。

長女　へえー、じゃあパパは何なの？

父　パパの会社の株はパパが全部持っているから、株主と社長が同じということになる。これをオーナー社長というんだ。

次女　なんか偉そうじゃん！

父　偉くなんかないよ、会社を立ち上げることを起業というけど、少ないお金でちっちゃく立ち上げるから、自分1人しかいないからそうなっただけさ。

次女　じゃあ、それ以外の社長さんは？
父　それ以外の社長さんは雇われ社長ともいうんだけど、この人もBのもらう側で、まあ雇われているという意味になるかな。大体大きい会社で、沢山の株主がいることでその社長さんは株主から給料をもらっている人。役員、取締役ともいう。で、次の2つは人ではなくて職業で分かれる。雇われている人を雇用されているともいうけど次のようになる。

C　身分を国や自治体が保証してくれる職業。公務員ともいう
D　それ以外の職業

長女　なにそれ！　それだけなの。
次女　よく分かんない。
父　最初の分類は「人」って言ったよね。要するに雇用されている人は、もらう側。雇用している人は、払う側。社長さんと社員さんと言えば分かるかな。Cの職業は公務員。それ以外は「民間」と言って、B×Dをさらに分けると次のようになる。

1　学校・病院・半官半民
2　大企業
3　中小企業

4　零細企業
5　フリーランス
6　無職

父　大体このどこかになるんだよ。

ひと言　**お金から見た社会人は大きく分けると4つになる**

図2-1

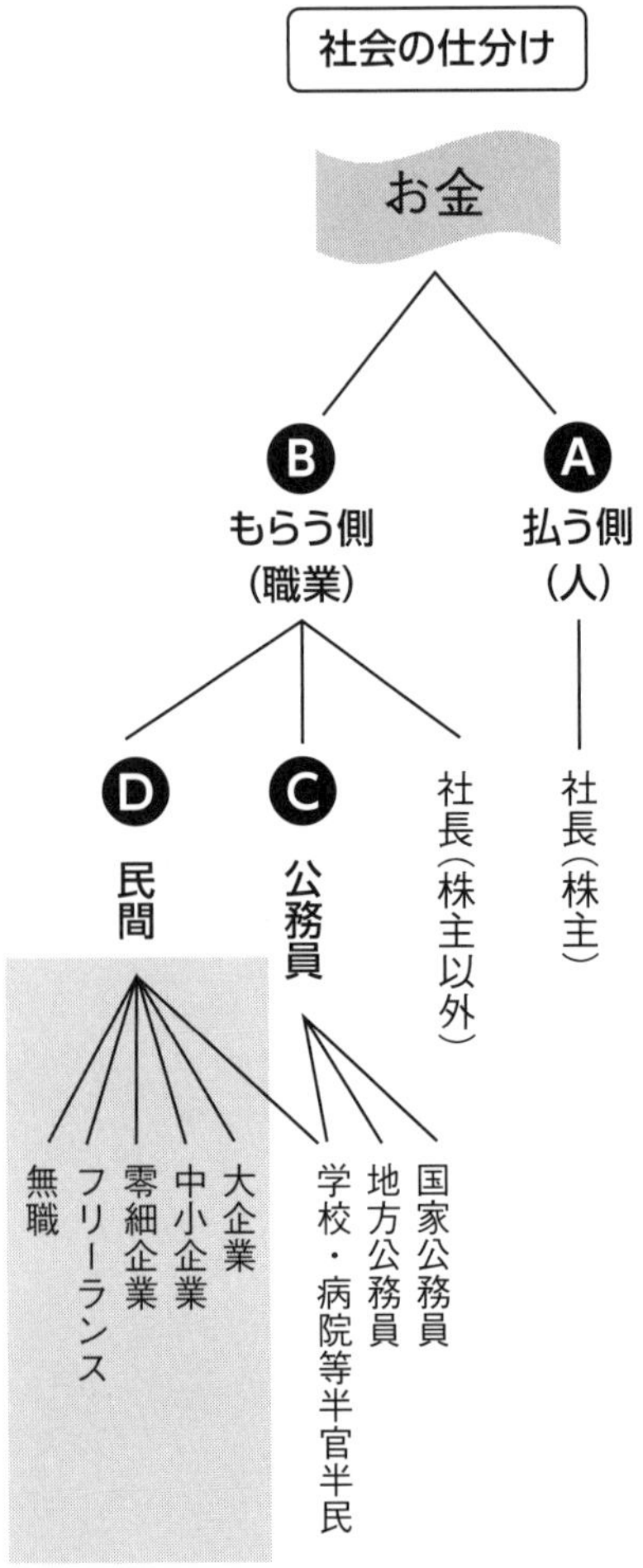

大雑把に大きく2×2に分けた理由はイメージしやすいようにしたからですが、お金の流れと自分を保証してくれる組織の種類というと分かりやすいです。「学校・病院・半官半民」は、各業態の説明が複雑になるため、正確さより分かりやすさを優先してこのようにまとめました。また、「学校」の中でも公立学校の先生などは厳密に言えば公務員になりますが、これも分かりやすさを重視してこのカテゴリーに入れています。子供もニュースやインターネットで色々な会社の名前は知っていると思いますが、ここではお金と結び付けた分類として説明することにしました。

公務員の特徴やメリット、デメリットとは？

父　B×Cは公務員で、それぞれに特徴やメリット、デメリットがあるんだ。それを今から説明するからな。

次女　はーい。

父　まず、公務員は大きく分けると国家公務員と地方公務員の2つがあって、給料や待遇などは社長さんじゃなくて国や市区町村からもらっているんだ。とても沢山の人が全国で働いているから、決まりの中で仕事が進んでいく。メリットは働く時間や待遇などが決まっているので今後の人生の計算や計画がしやすいことで、その中でも最大のメリットは倒産や給料の遅延などの心配がないことだね。

長女　親戚にもいるよね。

次女　安定してるんだ！

父　国が滅びるまでは、ということかな。国が倒産なんて、今の日本では考えられないよね。デメリットは一生懸命に仕事をしても適当にやっても、給料を含めた待遇にあまり差が出にくいことかな。何かの売り上げを上げて利益を出す職業ではないので、組織内での競争が少ないんだ。なのでできるだけ仕事や責任を取らないような人もいるんだ。もちろんそうではなく一生懸命な人も沢山いるけどね。

次女　頑張っても頑張らなくても給料が変わらないんなら、頑張らない方がいいじゃん。

長女　あんたさぁ、そんなんじゃダメなんだよ！

父　そこの部分だけを切り取るとそうなるけど、楽をするために働くんではないし一生懸命に働くこと自体が尊重されるべきでお金だけを基準に働くわけじゃないよ。お金の話をした時に、働く意義の３つがあっただろう？　その２番目でも言ったように、自分を高めたい人、相手に喜んでもらいたいという人は必ずいる。だから働く理由というのは決してお金だけじゃないんだ。この場合の相手というのは、国民、市区町村民が対象で、この人たちがお客様になる。つまり公共の仕事ということになり、何かで売り上げを上げて利益追求をする仕事ではなく、社会が正常に正しく回っていくためにきちんと業務をこなすことが仕事になるんだ。

民間の特徴とメリット、デメリットについて

長女　あんた分かったの？　お金だけじゃないんだよ！（笑）。
次女　何となく分かったかなぁ、次は？
父　B×Dの1の「学校・病院・半官半民」は、民間と公務員の真ん中みたいなイメージかな。色々あるので細かい説明は、今は省く。2の「大企業」は資本金が1億円以上あるか上場している、いわゆる大きな会社のこと。3の「中小企業」はその小さいバージョンで、4の「零細企業」と5の「フリーランス」はさらに小さくて、ほぼ1人で行っている会社と考えたらいい。最後の「無職」は現在仕事をしていない人のことだね。
次女　それもなんとなく分かるかな。大学まで進学したとして、そこを卒業したら就職するよね。そしたらこのどこかに入るということなんだね。
父　卒業したら世界一周旅行に行く（笑）、なんて言わなければ、このどこかに所属することになる。世界一周の場合は自分探しの旅とか就職準備中、という感じかな。パパはこういうのには賛成で、社会人になる前にできるだけ沢山の見聞を広げ経験しておくのがいいと思うんだけど、今の日本の制度ではなかなか許されないよな。

図2-2

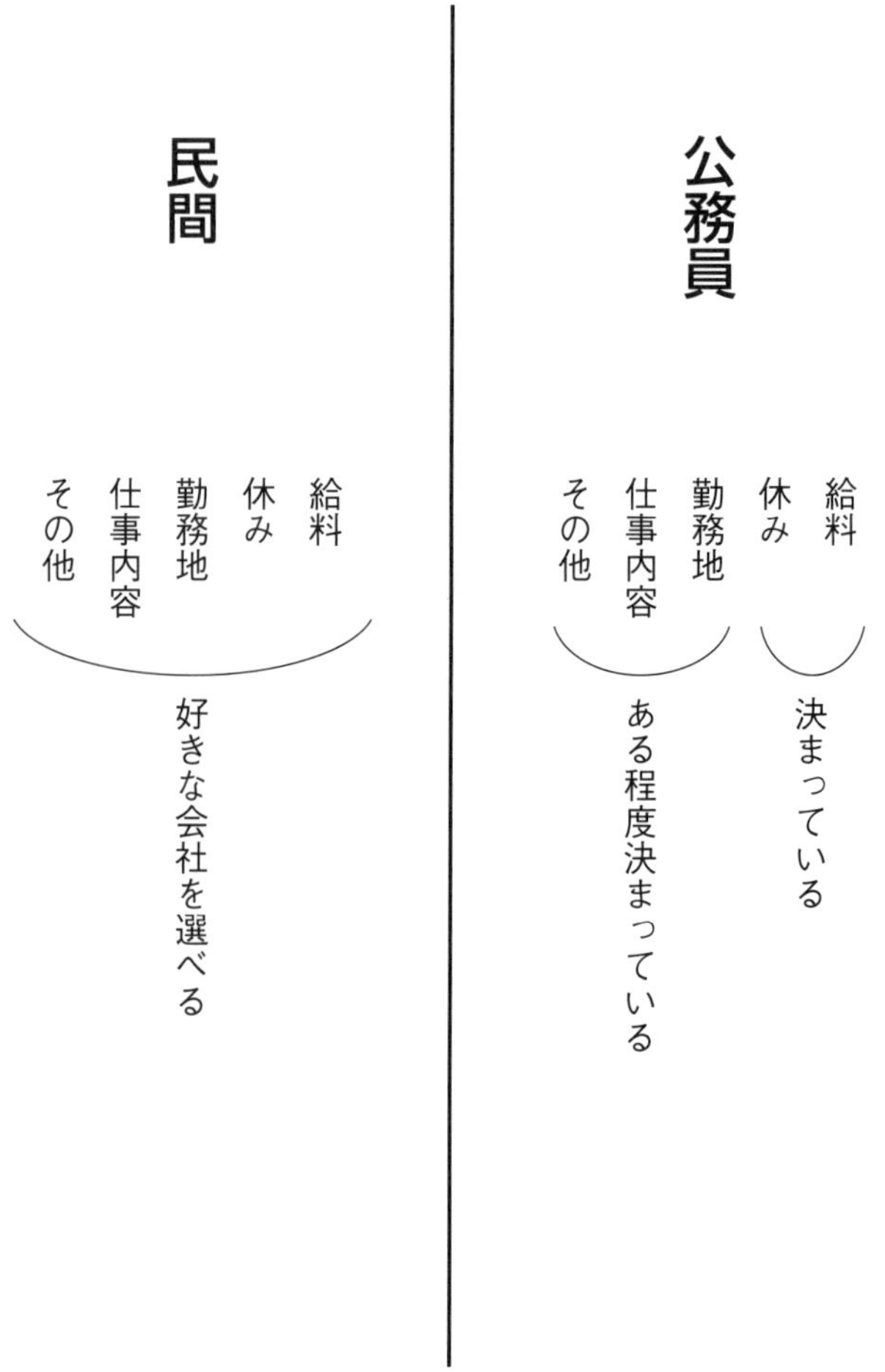
公務員
給料
休み
決まっている
勤務地
仕事内容
その他
ある程度決まっている
民間
給料
休み
勤務地
仕事内容
その他
好きな会社を選べる

話が脱線しますが、日本は戦後70年以上も経った今でも、世界でも稀な「就職活動解禁日」があります。「新卒」もしかり。この単語は日本だけのものです（だと思います。他では聞いたことがありません）。これは平均的で管理しやすい人を集めたい企業と経団連が決めた抜け駆け防止対策だと思っていますが、送り出す大学側にも現状メリットがあることなので必要なのでしょう。（個人的にはそのうちに無くなると思っています）。当時、中途採用者は格下扱いで、新卒の総合職が頂点でした。現在は徐々に変わってきています。日本の終身雇用の制度が世界でもてはやされた時期もありましたがこれも変わってきています。世界から見た国内の給料水準が惨憺たる結果となっている今では、皆さんが感じている通りだと思います。コマーシャル等で人材バンクや転職サイトが乱立しているのは、今それが儲かる業種だからです。優秀な人材ほど自分を評価してくれる先を探し、結局優秀な人が利益を大きく生み出してくれるので会社もそういう人材を求めます。良し悪しは別として多くの人材が高待遇で外資に転職している様子は、現状を如実に表していると思います。

長女　たまにいるよね、そういう人。

父　それはおいといて、公務員と違って民間企業の待遇は会社によって違うから自分で選ぶことができるんだ。給料が高い会社、休みが多い会社、小さいけど偉くなれそうな会社、やりたいことができそうな会社、家から近い会社とか自分である程度決められることが良いところだ。そして自分の進路は親や先生、先輩なんかに相談して、最終的に自分で決めることになる。でも自分で決めたって会社が雇ってくれるわけではないから、就職活動や試験というのがあるんだ。その進路を決める時に、今言った働いてみたい会社や職種と前回話をしたお金、つまり待遇のことを考えるよね。

長女　気にしない人はいないでしょ。

次女　うん、考える、考える。

お金と職業が結びつくように誘導的に質問をしました。中学生くらいになるとそれなりに意識はしていると感じますが、順序立てて説明をされたことはないはずです。それぞれのご両親の業界や立場で説明した方が、子供たちもイメージしやすいのではないでしょうか。ただ子供の中には会社を起業するとか、外交官になって国を背負って立つんだとか、政治家になるとか、困っている人を助ける医者になるんだとか大きな夢を持っている子供も沢山いることは喜ばしいと思います。ぜひ大きな夢を語って背中を押してあげてください！

大企業に入るのがいいのか？

父　すぐには転職なんかしないだろうから、最初の初任給よりもその後の将来のことも考えて慎重になると思う。そしたら最初は待遇がいい会社に行きたいだろう?

次女　それはそうだよ!　給料もお休みも多い方がいいじゃん!

父　それはパパも同じだよ。大企業は何といっても比較的安定していて給料がいい。外資系となるとさらに高い。でもその代わりに競争率が高く入社が難しい。大企業は沢山の人が入社するんだけど、採用された新入社員の出身大学を見てみると、特定の大学からは入社しやすいとかがある。だから、お母さんはそう言うんだ。「勉強しなさい!」って。でもお母さんの言う通り!　偏差値が高く人気の大学に入れれば、選べる会社の数が多くなるのはその通りだよ。無名よりは有名の方がいいのは分かるよね。その大きな理由は「選択肢が広がる」からなんだよ。

長女　なんで同じ大学から入社しやすくなっているの?　いろんな大学から採用した方がいろんな学生が集まるからいいと思うんだけど?

父　それはいい質問だ、パパもそう思う。でも日本社会全体が「同調圧力」と言って、皆と同じことを望んでいる風潮があって、企業も管理しやすい人達を集めるようになったんだと思う。でも出身大学を見れば一定の学力があるのが分かるから、とんでもないレベルの学生が入社しないという安心もあると思うよ。さらに、例えば慶応なら慶応、早稲田なら早稲田というようにそれぞれカラーというものがあるんだ。「学閥」と言われることもあるけど、良い面も悪い面もあるよね。ただ、先輩たちがその会社にいれば何かとやりやすいことも事実だよ。大企業は国内に1万社余りあって、就職先を自由に選べるとしたら偏差値の高い大学は当然人気になる。まあ人気だから、入学試験で必要な偏差値も高いんだけどね。高校生の一時期に一生懸命に勉強して希望の大学に入って希望の会社に入社するという意味が理解できれば、「勉強しなさい！」の意味も理解できるんじゃないかな。

長女　なーんか分かった感じ！　でも大企業ってそんなにいいの？　パパの会社はダメなの？

父　前に説明したように、日本の平均年収は440万円くらいだったよね。大企業だけを見たらその1・5倍から2倍はあると思う。部長職やその上なんて4倍、5倍なんてざらにいるよ。その分もらえる年金額も多いし、退職金もいい。前に言ったようにお金があればできることが増えるよね。車を買ったり旅行したり、そして結婚したり子供ができたりした時に、それを解決するのはお金になる。それをみんな分かっているから大企業に入りたいと思うんだ。でも、いいことばかりじゃないぞ。大きな会社は当然大きな仕事をする。人もお金も大きく動くし、優秀な人も当然沢山いて、いつも競争にさらされるからストレスも多い。早朝から深夜まで休みもなくノルマ達成のために働きづめの人もいる。また、そこで働く人は自分の個性や存在が小さくなってしまって自分のやりたいことができづらい環境であることも事実で、せっかくいい会社に入社しても転職してしまう人も多いんだよ。「俺のやりたいことはこれじゃないっ！」て言って。

図 2－3

大企業

メリット

- 安定している
- 給料が良い
- その他の待遇が良い
- レベルアップできる環境がそろっている
- 大きな仕事ができる
- 退職金がある

デメリット

- 入社が難しい
- 競争が激しい
- ノルマがきつい

中小・零細企業で働くとどうなるのか？

長女　いいことばかりじゃないいんだね。

父　じゃあパパの会社、というか中小企業の話をしよう。日本の会社の数の話をすると、99%以上が中小企業以下になる。街を歩いている会社員のほとんどが大企業じゃないいんだ。テレビやインターネットのニュースで「今年のボーナスの平均は65万円です」なんて言ってるじゃない？　あれはごく少数の人口の公務員と大企業だけの話！　だからそれ以外のほとんどの中小企業以下の人達の実態は全く反映していないいんだ!!

思わず熱弁してしまったが、一呼吸おいて続ける。

父　じゃあ、質問の回答ね。中小企業のいいところは、まず圧倒的に入社しやすい(笑)。会社が小さいから1人の能力が評価されやすいいんだ。やりたいことがやりやすい、まさにさっきの大企業からの転職の受け皿だね。能力が早く認められてステップアップしていければ、経営にも参加することができるかもだね。マイナス点は、給料が大企業に比べて低いこと、その他の待遇も低い場合が多いこと、会社の資本が小さいこと、あとは社長の一存で方針がころころ変わる、要するに社長個人の会社という側面があること、などかな。零細・個人事業は基本的に社長1人でやっている会社。でもやることが全部自分でできるので気楽かな。売り上げは当然小さいけど、その仕事ぶりが人気で人手が足りなくなってきたら社員を入れて、零細から小規模会社の格上げになっていくんだ。

次女　ふーん、そうなんだ。

父　と、ここまでざっと説明してきたけど本当に大事なのはこの話なんだ。「大企業」から「中小企業」や「零細企業」「フリーランス」に行くのは簡単だけど、逆はまず無いということ。小さい会社から大きな会社には行けないと考えておいた方がいい。あったとしても派遣社員だったり期限雇用だったりで正社員でない場合が多い。するといきなり契約打ち止めで失業することもある。要するに、前にも言ったように大企業にいると有利な条件でいられる、選択肢があるというのは、こういうことからなんだ。

さらに続けます。

父　そして零細企業ね。自分で立ち上げた会社はやりたくて立ち上げたのだから当然一生懸命に働くよね、それもお客さんのために。最大のメリットはそこかな。やりたい場所にやりたいようにできる。会社名もデザインなんかも。モチベーションも上がるし何よりも楽しい。デメリットまではいかないけど困ることといったら…。さっき手が足らなくなるといったよね。そう、1人ではできなくなって人を募集することになる、ここが重要なんだ。1人で頑張るのは一番簡単で、夜も寝ずに休みもせず長時間働けばいい、それは全て自分に返ってくることだから。でもその次に、たとえ1人でも雇った時に皆あることを経験するんだ。それは、自分以外の第三者をどうやって一生懸命に働かせる、あるいは働いてもらうかということだね。多くの場合は運命共同体の身内が一緒に働くことになるんだけど、第三者ではないから普通の雇用ではなく甘い感じになるんだ。人はどんな気持ちで働いているかについてだけど、ある人は待遇を良くしたいからだったり、別の人はその仕事が好きだからだったり、あるいは自宅から会社までが近いからだったりと、いろいろある。でもそういう小さい会社の場合は、仕事に慣れてきて効率が良くなってきたころにその人が辞めてしまったとする。そうすると仕事量は多くなっているのに働く人は自分1人、ではパンクしてしまうよね。あっ、パンクというのはタイヤが破裂することの意味でやることが多すぎて回らなくなることね。そしたらまた募集し一から教えて大変になる。今時はいくら小さい会社でも、それなりの募集費用を払わないと人は集まらないんだ。すると今度は辞められたら大変だから、その人の管理をするためのマネージメントに注意を払うことになる。だからその起業した人は本来好きなその仕事をしたいはずだったのに、雇った人の管理が中心になっていくことも多いんだ。でも上手くやっている人の多くは自分のライフワークバランスを上手くとって、こだわりをもって仕事と生活をして生きている人が多いかな。

ひと言　零細企業は人と資金の大変さがあるけれど夢と自由がある

図 2－4

中小企業

メリット

- 入社しやすい
- 能力が評価されやすい
- 昇格しやすい

デメリット

- 待遇が悪い（大企業に比べて）
- 資本が小さい
- ワンマン経営の場合がある

零細企業

メリット

- やりたいようにできる
- 自由がある
- 夢がある
- ライフワークバランスを決められる

デメリット

- 人と資金が大変
- 自分だけしかいない
- 倒れたら終わり
- 終わりがない

フリーランスという働き方

父　フリーランスというのは分かると思うけど、アルバイトまたは自由業とも言われる雇われていなくて自由に仕事をしている人のこと。出勤時間とか働く日数とかを自分で決められるから楽でいいよね。でもフリーランスの人は別名フリーターとも言われ、雇ってもらえなくて定職につけない人と、自ら望んで自由人のフリーランスになっている人に分かれるんだ。自ら望んでいる人は、その人自身に何か特技や知識・経験があって自由に活動をしているから学校を卒業してすぐにはなれないし、ある程度経済的にも自由が無いとできない。話がずれるけどその中には画家、作曲家、写真家、作家等の「家」が付く人が多い気がする。零細企業と似ているところもあるけど、活動単位は個人の場合が多いかな。

また脱線しますが、少し持論を。「家」と「屋」の違いです。

八百屋、金物屋、設備屋、電気屋、酒屋、不動産屋、その他。

建築家、画家、作家、写真家、起業家、作家、音楽家、演奏家、芸術家、その他。

この違いを考えたことがあります。「屋」は家業として継げるもので、代々続くものでもあります。それに対して「家」はその人に宿り、その高い能力で評価されている個人となると思います。残念なお話ですが、昔は銀行家と呼ばれていたのが今では銀行屋へと言い換えられることもしばしばです。これは、以前は事業の中身を判断するプロジェクト融資をしていた「銀行家」が、担保を取り制度の枠内でしか判断しなくなったことを揶揄した表現です。「政治家」は国や地域の方向性を決め人々を導いていく人間力の高い人でしたが、最近はその2世3世の子孫が乱立しています。これを「政治屋」とも呼ばれますが、家業として継げる職業となっているからなのでしょうか。立派な政治家の子孫だから、その子孫も能力のある政治家だとは誰も思いません。これはその政治屋だけではなく選んでいる有権者にも責任がありますね。

ひと言　フリーターとフリーランスは違う

また、今流行りの「ファイアー（FIRE：Financial Independence, Retire Early）」。これは経済的自立と早期リタイアを意味しています。この本にもいくつか関係する記述がありますが、欧米で早くから始まっていた機運がやっと日本にも流れてきたという感じです。比較的若い人が目指すのかと感じていますが、中年熟年でも同じようです。私はもし分類するとこの分野に入りますが、ここを目指している方はまさにこの本の第四章にある図「幸せ表」をご覧になってください。仮想通貨とか親の遺産、何かで大儲けしてお金さえあればファイアーになれる、と思ったら躓きますよ。その先に待ち受けている次の問題が起こります。ですのでお金だけでは解決しません。

お金を払う人側の話

父　次は最初に話したA、お金を払う人の話をしよう。今までは待遇のことが中心だったけど、今度はその待遇を決める側の会社の経営者や役員についてだね。この人たちはもらうお金といった条件を自分たちで決められるんだけど、その分責任がある。銀行借入の連帯保証や社員の不祥事の責任も、この人たちが取るんだ。お金の話の時に連帯保証はしてはいけないといったと思うが、ここでは借りる人が会社で、それを社長個人が連帯保証するということになる。要するに自分の会社を自分で保証するということ。経営がうまくいけば、少ない手持ちの資金でスタートして大きな資金を動かし人並み以上のお金を手にすることができる。だけど上手くいかなければもちろん会社は倒産するから、社長個人の家や車なんかも全部無くなってしまう。まあ他人を保証しているわけではないから自分の責任なのだから納得できるし、仕方ないな。

長女　でもさ、家族はたまったもんじゃないよね。

次女　そうそう、そんなんじゃ困るよ！

父　事業をしている家は一致団結して頑張らなければ、子供の人生にまで影響するんだ。だから、中小零細企業の社長さんは真っ先に「何とか借金を返さなきゃ！」と思うんだ。でも売り上げを上げるには、まず先行投資といって先に資金が必要になる。そうすると、また次も借りなきゃならなくなる。これを繰り返すから、いつもいつも大変なんだよ。

私は創業してから35年が経ちます。５回ほど倒産の危機がありました。何とか乗り切りましたが、それは創業当初から付き合いのある税理士さんの一言があったからでした。

税理士　釜谷さん、経営するなら不動産を持ちなさい、会社でも個人でも。会社は良い時ばかりではなく、大きくなっても動かすお金の単位が大きくなるだけで資金の悩みはずっと消えない。一瞬でも資金が遅れたら、中小企業はそれで終わりになる。だから会社の勢いがいい時に不動産を買いなさい。どうしてもの時に、それを売って資金に回しなさい。

最初にお会いした時の言葉がそれでした。私は仕事上で人が何となく「ささやいた」言葉や「真剣」な言葉を気にする癖があり、それをずっと記憶しています。多分それはその方の「格言」なんだろうと思います。結局のところ、その税理士さんの言った通りになりました。景気の良い時に買った自宅も自社ビルも、運転資金のためにスパッと売却しました。「事業で買ったものだから事業で手放したって何の問題もない、また買えばいい」というように、綺麗な清々しい心境でした。

今現在の経営者環境は大きく変わりました。銀行からの借り入れの際には、社長個人の連帯保証を取らない方向に政府が舵を切りました。これについては個人的には大いに意見がありますが、この本の趣旨とは少しずれてしまうのでまた別の機会でご紹介できればと思います。

長女　そうかー、色々大変なんだね。

次女　どれがいいか分かんないな。でもいきなり社長さんにはなれないんでしょ？

父　いやいや、中には高校や大学を卒業したら自分で何とかするから最初から待遇なんてあまり望んでいない、それよりやりたいことをしたいという人は、会社に入らずに自分自身で起業する、という人も存在するんだ。要するに、自分でベンチャー企業を立ち上げるというやつだね（今ではスタートアップとも呼ばれていますね）。ベンチャーで先を行くアメリカでは本当に優秀な人は自分で会社を起こす、そこまでできない人は有名な企業に入る、ということになっているようだね。日本もそういう人が増えているんじゃないかな。大体起業する人は大学生の時からそういう動きをしているよ。感度が高くてアンテナを張っている、ともいうよ。

ここまでは、娘2人が中学生の時に話した内容です。その後、娘たちも高校生その後に大学生となると話す内容ももっと現実味が帯びた内容になっていきました。次は、次女が女子中から共学の高校に進学する時に話したことをご紹介します。話した内容は、以前から考えていたことでした。

高校生になったら、まず彼氏を作れ！

父　今度高校に入ったら、最初にすることを言うよ！　勉強は当たり前として、最初に友達を作ると思うけど、彼氏も作りなさい！　そして家に連れてこい。パパも一緒に遊ぶぞ！

次女　パパ何言ってんの？　どこの家も彼氏なんかダメだし、できても隠れて付き合うんだよ！

父　どうせ隠れて付き合うんなら、正々堂々と付き合った方がいいんじゃない（語尾を上げる）？　こそこそじゃお前も嫌だろ。でも彼氏は作っていいけど子供は作っちゃダメだぞ！

次女　（しばらく無言）でもさぁ、そんなこと言われると思わなかったしー、ちょっと考える。

それから数日が過ぎました。

次女　友達にこの前の話をしたら、みんな驚いていたよ！　親から「彼氏を探してこいなんて」って。みんなの親は、「まずは勉強なんだからそんなのダメで早すぎる」って。

父　それはそう言うよな。でもパパはこう思っている。その年代になるとどうしたって異性は気になるし、パパだってそうだった。パパの場合は完全寮生活の男子校だったから、女子はまず見ない。興味があるそういう欲望が変な方向にエスカレートしていった友達もいっぱいいたよ（笑）。人間には男と女という性別があるから、異性が普段そこらへんにいるのが普通だと思っている中で、男女はお互いの免疫を持っていた方がいいと思う。

次女　ふ～ん、女子はアイドルの話なんかは凄いもんね。

父　ただし、また条件がある。

次女　また変な法則でしょ？

父　ちがうよ、よく聞いて。どうせ付き合うのなら「いい男」「できる男子」と付き合いなさいってこと。背が高い、手足が長い、顔がタイプ、というのは外見だから見たら分かるよね。でも付き合うのは、その人の「中身」と付き合うんだよ。人柄とか人間性とか、優しさだったり思いやりだったり。

次女　パパさあ、それはそうだけど、それは後から分かるんじゃないの？

父　でも付き合ってみたものの中身が最悪だったらどうする？　男子にはありがちな話なんだけど、「かわいい人」は「やさしい人」だとに勝手に決めつけがちになる。女子もそうだろう？「かっこいいから中身もいいはず！」だって。そんなこと絶対にないのに。

次女　じゃあ、どうするの？

父　その人の外見については見れば誰でも分かるけど、中身を知りたければ、まずはその人のしゃべっている言葉・単語を注意して聞くことだよ。まだ高校生になったばかりの子供だけど、大人になるにつれて育っていく性格や可能性は、すでに小さく備わっているもんなんだ。パパは男だから男子のことを言うと、仕事をして家族を支え経済を担っていく男は成長していく可能性があるかないかが大事なんだ。そのために必要なことは、簡単に言うと次のようなものだね。

リーダー気質がある
思いやりがある
人をけなさない
威張らない
話をかぶせない
汚れた言葉を使わない
はっきりしゃべる

父　これくらいかなぁ。まだ高校生といっても、そういう目で見ると見えてくるものはあるよ。まあ内気で観察してもよく分からない子もいるから一概には言えないけど。でも気になった男子がその逆だったら、いくら顔がタイプでもやめておいた方がいいぞ。パパはね、若い時に外見で勝負しようと思ったけど途中で無理なのが分かって中身勝負に変えたんだ（笑）。昔は背も高かったけど、重たい荷物を持ちすぎて縮んじゃったー。

次女　ウケるー（笑）。

父　女子でもさぁ、男子が現れたら急に態度が変わる子いるでしょ？　かわいく見せようとしてさ。男子でも同じだよ。だから異性に対する態度は変えずに、常に普通に真摯に普通にしておいた方がいいんだぞ。だけど人を好きになる時は初恋やひと目ぼれ、運命の出会いなんかもあるから、パパの言っていることは参考程度にね。

ここでリーダーシップの話が出たので私のひと言を申し上げます。少年工科学校で学んだことの中で私の人生に大きく影響したものの1つに「リーダーシップ」がありました。当時高校生だった私には新鮮でした。目的を達成するために、1人以外の複数になれば必ず各自の役割ができる、また人数により組織論が色々あるというようなことです。この時はこうする、という数学のような感じでしたがなるほどと感心した記憶があります。それは家族でも同じだなぁと感じたのか、意識せずに「チームカマタニ」などとしたのだろうと思います。

父母の立場から見て、高校生で男女が付き合うことには賛否があると思います。今回紹介したのは我が家の場合です。お金の時と同じように、将来娘たちが困らないように言いにくいことも伝えておかなければならないとの思いでした。当時は田舎の記憶もあり特に女性の場合は、男性に人生を左右されることも多くあると思っていました。なので、良いも悪いもできるだけ同性にしか分からない特性（私の場合は男性）を話していました。

図 2－5

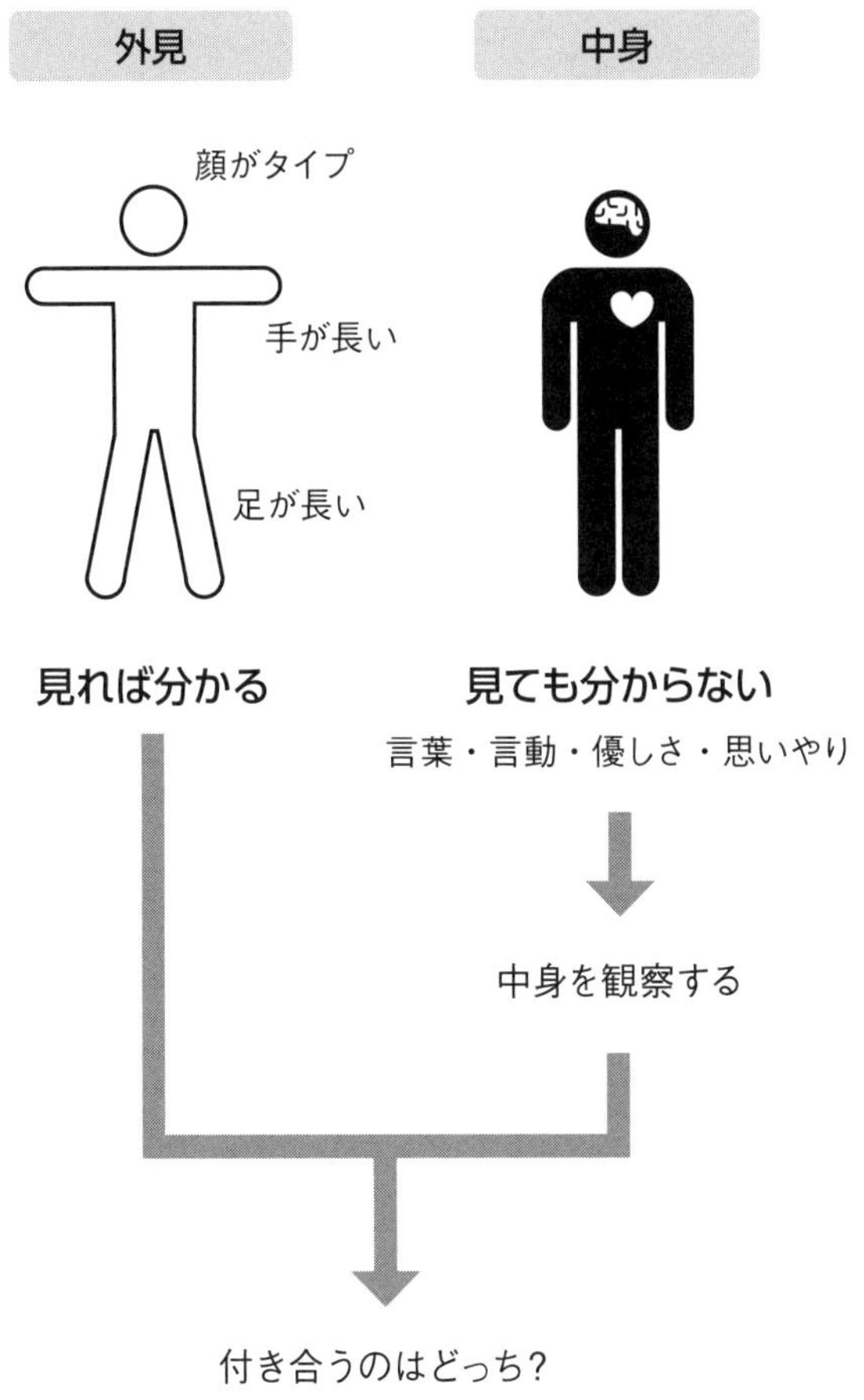
外見
中身
顔がタイプ
手が長い
足が長い
見れば分かる
見ても分からない
言葉・言動・優しさ・思いやり
中身を観察する
付き合うのはどっち?

ホワイトカラー×ブルーカラー＝水色の法則

父　働く人間を大きく2つに分けるとしたら、首から上で働く人と、首から下で働く人に分かれるんだ。

長女　何それ？　いつも2つに分けるんだね、でもどうして首で分けるの？　面白いけど物騒だね。

父　お前たちの年齢では出てこない言葉だな（笑）。じゃ質問。首の上には何がある？

次女　かーんたん、顔じゃん！

父　ははは一、正解だけど、まあ頭のことだね。首から下は体ってこと。頭と言っても、頭脳のことだよ。これは頭脳労働者と肉体労働者の違いで、ホワイトカラーとブルーカラーとも言うんだ。カラーというのは服の色じゃなくて襟のことで、企画・管理・営業・事務・経営・総務といった事務所の中で仕事をする人はワイシャツの襟の色が白いからホワイトカラーと呼ばれる。一方、工事現場や工場で作業して何かを作る人は汚れが目立たない色の作業着を着るからブルーカラーと呼ばれるんだ。このように語源を考えると分かりやすいかな。

長女　襟の色なんだね。

父　この2つを考える時に、「生産性」という言葉が出てくる。この言葉は将来よく出てくることになるから記憶しておけよ。例えば、パパの会社でエアコン工事を1人の社員が行ったとしよう。ベテランで腕のいい人と新人とでは当然作業時間も効率も違うけど、どんなに頑張っても他の人の2倍はできない。もしできたとしても、次の日は疲れて休むかもしれないから、平均すると必死に頑張って1・5倍くらいかな。逆に営業の人はできる人なら平均の5倍や10倍売り上げたり、事務系ならパソコンで計算式を使って3分の1の時間で済ませたりもできるかもしれない。要するに生産性とは、1人の人が生み出す売り上げや成果のことを言うんだ。お前もどっちかの仕事に就くことになるけど、女性なら一般的に首から上で働くことが多いかな。男は高卒なら半々から首から下、大卒ならやっぱり首から上が多いと思う。それは生産性が関係しているんだ。転職の話でもそうだったように、ホワイトカラーからブルーカラーには行けるけど、その逆はなかなかできないことが多い。一般的にはブルーカラーの方がすぐにお金が稼げて、ホワイトカラーはその逆。またブルーカラーは年齢が上がってくると体力的にできなくなるけど、ホワイトカラーはいくつになっても脳が元気ならずっとできる。そんなことが関係しているんだ。

次女　それだけだったら、首から上のホワイトカラーの方がいいじゃん。

父　そこだけ聞くとそうなるよね。ホワイトカラーの仕事の中で一番稼ぐ業種は「営業」と呼ばれる仕事で、要するに何かを売ってくる人。ゼロから売り上げを作る人のことを言うんだ。今後インターネットがもっと発展してウェブサイト上で沢山売れるようになれば営業なんていらなくなるかもしれないけど、現状そうはいかないよね。実際に募集されている中で一番多い仕事は営業職なんだ。社長より稼ぐ人もいるんだよ。でも思うように売れなくて転職する人も多くいるから、その分募集も多いということなんだ。一方のブルーカラーだけど、ブルーカラーと言っても職種がいろいろあるから一概には言えないけど、その人にしかできない技術で何かを作るというように「ものづくり」の楽しみがあるからパパも好きだし、何しろ自分の仕事にこだわれる。手をかけたものが実際に製品としてでき上がるのが心を満たすんだよ。いろいろ言ってきたけど、最終的にパパの最強説はホワイトとブルーの2つを合わせて仕事をすることだと信じてる。ホワイトとブルーを掛けると何色になる？

長女・次女　水色だね。

父　そう、パパが思う最強説は頭の先からつま先までを使って全身を使って水色で働くんだよ！

ひと言　**頭からつま先までを使って水色で働く**

父　パパは実際にそうやってきたから分かるんだ。事務所にずっと座っている人は、作業着を着て現場に出たがらない。逆に現場の人は、じっとしていなけりゃいけない事務所にいたがらない。見事にそういう人が多いんだよ。そうではなくて「現場を知った上でマネージメントをする！」「マネージメントをするなら現場を知る」のが一番いいということ。こうすると、どっちの意見も分かるようになるから周りから重宝がられるよ。現場で人手が足らなくなったって、いざとなれば自分も出ることもできるし営業も事務処理も手伝える。

図 2-6

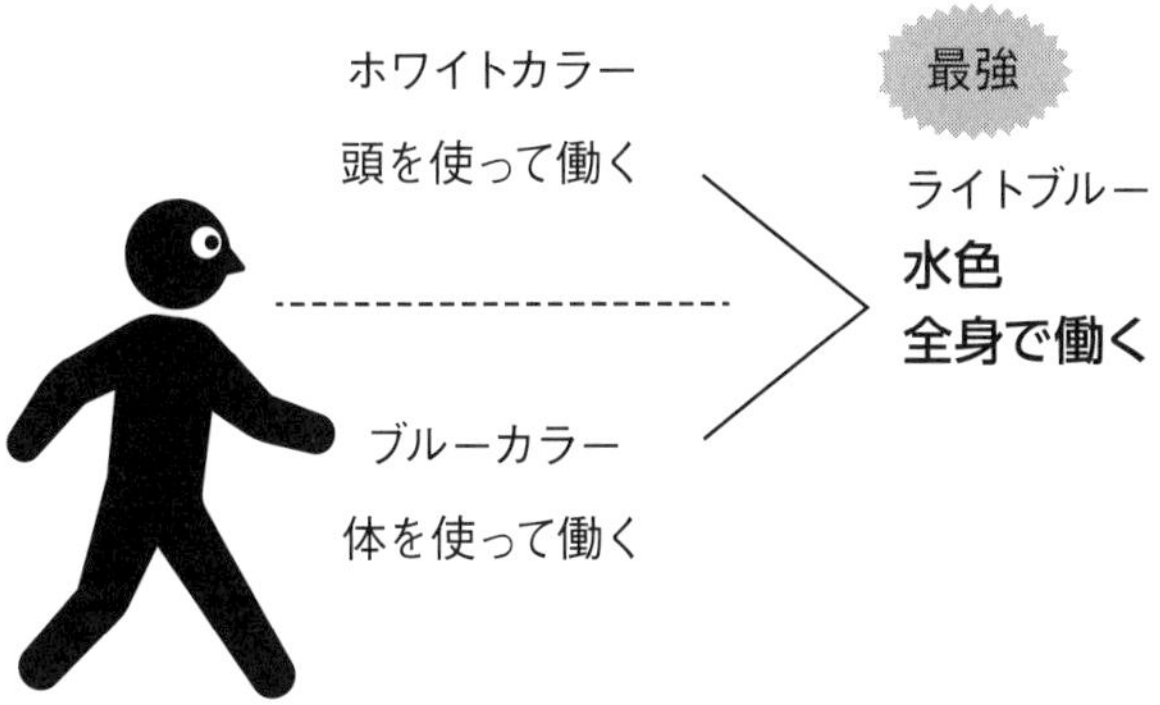

長女　水色の法則だね。

次女　ふ〜ん、そうなんだね。でも自分が何の仕事をするかは、まだイメージつかないなぁ。パパは私が何の仕事が合っていると思う？

父　そうだな　お前は気が強いし、ダンスとかで人前に出ても平気そうだから、営業や企画とかのプレゼンするような仕事がいいと思うぞ。

次女　プレゼント？？

長女　（笑）。プレゼンテーションの略！　提案とか表現を工夫して相手に訴えかけることだよ。

次女　そうか、それなら得意かもね、クラスでも色々やってるし。

仕事の能力4つの仕分け

父　でも皆が皆、アピール上手で口がうまいわけでもないよね。おとなしく控えめな人も大勢いる。

長女　あははは－、あんたの真逆じゃん！

次女　そんなことないよ、おとなしい時もあるし－。

父　パパの会社の社員でも色々いるよ。

1　口が上手で仕事もできる
2　口が上手で仕事ができない
3　口下手で仕事ができる
4　口下手で仕事ができない

父　この4つに分かれた時に、当然一番いいのは1だよね。じゃあ次はどれだ？
長女　口が上手だから営業とか、だから2じゃないの？
父　それは違って3なんだよ。でも、これは極端な分け方だからね！　2の口が上手というのは立ち回りが上手で、今置かれている状況を察知する能力が高いんだ。でも普通はそれだったら仕事ができるはずなんだけど、それなのに仕事ができない人というのは自分を守る、攻撃されない、責任を取らないというマインドが入っていることが多いんだ。自ら進んで何かをやって失敗したらどうするんだとか、まあ言い訳が多い人だね。
次女　じゃあ4はダメだろうから、3なんだね！
父　そう、まず仕事ができるということが重要だから3だね。パパの会社でも表現の仕方がおとなしい人は多い。そういう人はあまり喋らないから営業とかには向かなくて、エンジニアとか職人と呼ばれる技術者とかに向いているかな。その中でも資格や経験を積んでリーダーとなる人が、仕事ができる人となる。もちろん現場で一生懸命働く人も大切だ。だけど若い時しかできないとなると、歳をとった時のために若い時から資格の勉強をしなければならない。お前たちは今学生で勉強がやるべきことだから当たり前だけど、働き始めるとよっぽど強い意志と目標が無いと机に向かって資格試験のための勉強をすることはなかなかできなくなるんだ。家庭を持ったらなおさらだ。だからそれができる人は、強い意志と高い目標を持った人ということになるんだ。1の人についてだけど、口は首から上、仕事は首から下とすると、セールスエンジニアといってやっぱり水色で働く人なんだよ！　でも全体のバランスが良くて何かと役に立つ全体的に真ん中の人もとても大事なんだ。

長女　へぇー。

次女　ふーん。

社員は4種類に分けられる

父　ついでに、経営者から見た社員の評価について話すよ。次の4つに分かれるんだ。パパの会社でも、極端に分けたらこうなるね、極端にだよ！　基本的には社員は皆平等に扱うんだけどいざリストラしなければならなくなった時にどの社員から大事にすると思う？

1　仕事ができて、会社の方針に同意している人

2　仕事ができて、会社の方針に同意していない人

3　仕事ができないで、会社の方針に同意している人
4　仕事ができないで、会社の方針に同意していない人

長女　これは、当然1が一番大切で4は問題外だよね。
次女　リストラだから会社が大変な時でしょ、だから仕事ができる人を残さないといけないから、1の次は2の人が大事！
父　確かにそう思うかもしれないけど、答えは間違いなく1の次は3なんだ。これは経営者の中では昔から言われていることなんだよ。どうしてかと言うと、会社の状態が厳しい時に、「俺はこう思うけど！」とか、「いや、こうあるべきだ」とか言い出して方針に全員の足並みがそろわないと、難局を越えるのが難しくなる。思ったように仕事がこなせない人がいたとしても、一致団結したチームでいる方がよっぽど強いんだ。また、さっきのように仕事ができるのに従わない人は他人への批判が多くなる傾向がある。そうすると、まとまらなくなる。うちのように「チームカマタニ」は3人が同じ方向に進む仲間だからいいんだ。いくら勉強ができても、「私はこうするからほっといて」では仲間ではなくなってしまう。とにかく組織がまとまると思いもよらない力を発揮することを歴史から学んでいるからパパもそれに従っているけれど、それが正解だと思うね。
長女　なるほど、そういうものなんだね。
次女　なんか分かった気がするー

図 2-7

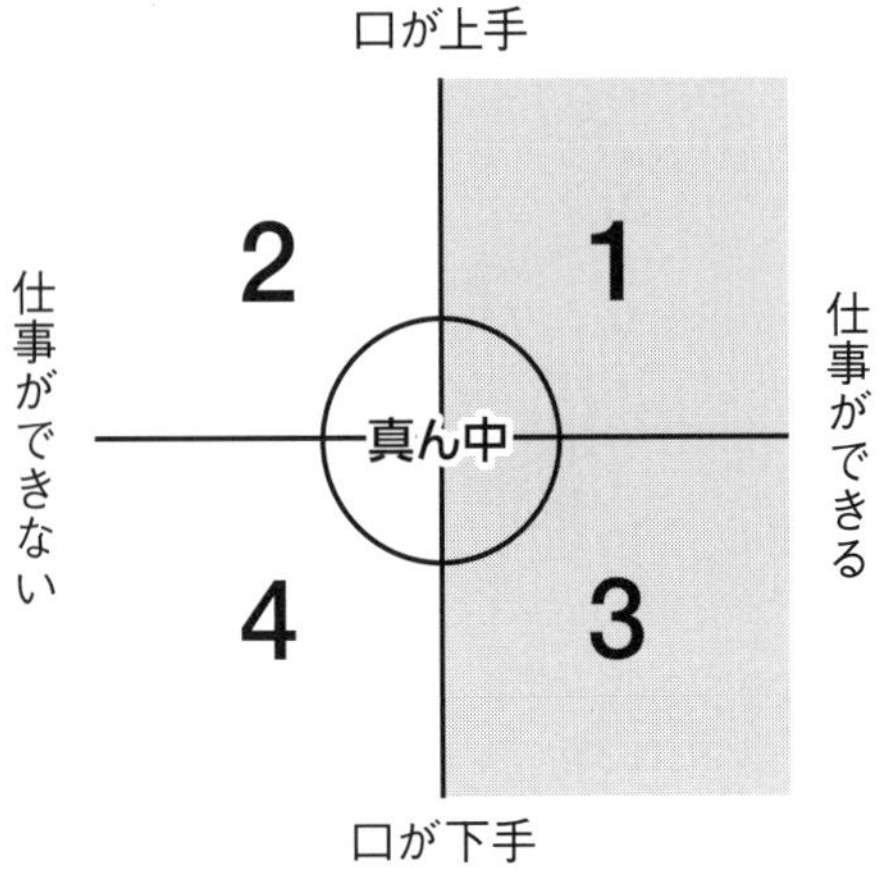

口が上手
2
1
仕事ができない
真ん中
仕事ができる
4
3
口が下手

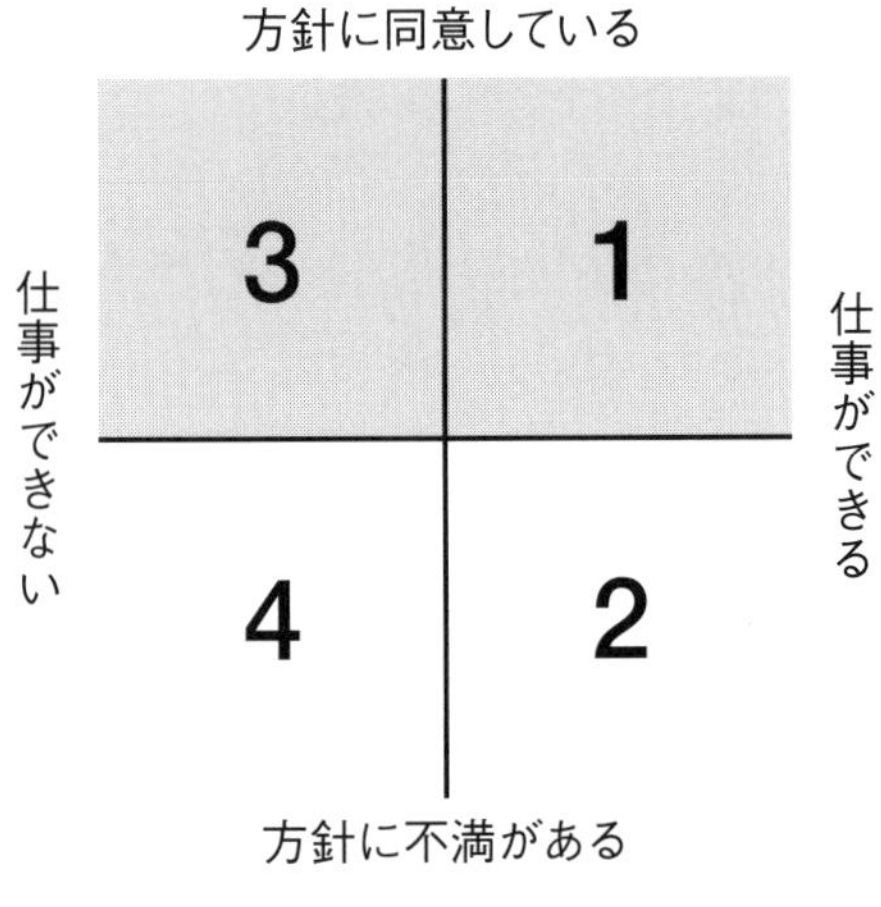

方針に同意している
3
1
仕事ができない
仕事ができる
4
2
方針に不満がある

学歴と教養の違いとは？

父　いい大学に入れれば、いい会社に入る確率が高くなると言ったよね。その通りなんだけど、逆のことを話すよ。有名大手企業には、同じく有名大学出身の人が多い。変化を嫌う日本だし、大きな会社は出身校を重視し会社内に同じ大学の先輩後輩が沢山いるんだ。そうすると日本では「先輩、年上が偉い」とかいうように、社会でも出身校や勤め先のレッテルを貼られることも多いんだ。

長女　レッテルって何？

次女　シールとかなんかでしょ（笑）。

父　おっ、似てるかも！　ペタッと勝手に貼られるなら同じかもな。要するに、一方的に決めつけられることを「レッテルを貼られる」と言うんだ。あの有名大学だからとか、あの会社だからとかをね。ここで言いたいのは、高い学歴を謳える偏差値の高い有名大学への合格や、希望する会社に就職することがゴールではないということ。パパの知っている人の中では、某有名大学卒という学歴が変なプライドを持ってしまっていて「大学合格が人生の頂点だったんじゃないの？」みたいな人がいる。また超大手企業に入社すると、その社内での競争を勝ち抜くために出身校を利用して派閥を作るなんてこともよく聞く。そんなことを一生懸命にやっていると、会社を離れた途端にただの魅力のないおじさんになってしまって、一流企業のサラリーマンとは程遠い人もよく見る。家に帰ってきても偉い部長さんのままでいる、夫源病原菌みたいな人をね（笑）。要は学歴・職歴を切り離すと役に立たない人は、社会に出てから進歩していなかったことになる。過去を守りすぎると、そうなる傾向があるんだよ。でもこれからは男女ともに自分のキャリアを積んで転職が当たり前になるだろうから、前に前に進むようにしていればそんなことにはならないよ。そして人の気持ちが分かる人間力を高めていくことが大切になるんだ。そういう人は社会に出てからも勉強するから、教養が高まっていくんだ。

次女　教養って、数学とか物理とかと違うんでしょ？

父　数学や物理は前から言っているように「学問」で、試験勉強に出てくるもの。もちろん生きていくための基礎にはある程度必要だけど、微分・積分や物理法則なんかは実際の社会ではあまり使わないな。それよりも「水色の法則」の方が使えるよ！

長女　そうかもね（笑）。

父　教養のある人と言っても、ただの物知りとは違うよ。物知りは記憶や知識が豊富な人のことをいうけど、教養のある人との違いは、知り得たその知識や事柄に自分自身の感覚や人間性が加わり、それが自分の内面に形づいているかどうかなんだ。変な風に形づいているとただの自己主張野郎になってしまうから、人の気持ちを理解した豊富な経験や知識がある人のことを教養のある人というんだ。さらに、そこに高い人間性が加わると人格者といわれるんだよ。パパはこれでも自己主張野郎にならないように気を付けているんだよ（笑）。

図2－8

お家柄のある人	学歴のある人	教養
・その家系に生まれた（先天的）	・高校（有名） ・大学（有名） ・大学院（勉強した）	・ずっと勉強している ・記憶が良い ・知識がある ・社会性がある ・人の心が分かる ・経験がある ・人間性が高い ・人格者

父　中小企業の場合は大企業並みの待遇を出せないから、それでも社員が辞めずに付いてくるには社長が人格者でないと人が去っていくんだ。人格者だと「この人に付いていく」ってなるよね。逆に社長が自己中心的で待遇も悪かったら、誰も働かないよね？

長女　なに、パパさりげなく自慢した？

次女　あー、自慢だ！

父　違う違う、パパの会社の経営がたまにヤバくなったりするのは、パパの人間力がちょっと足らないからで、そのうち会社が大丈夫になったら正式に自慢させてもらうからね！

ひと言　**学歴より教養を！**

いじめを予防する

ある日、長女と次女が通っていた中学校でいじめが起きているという連絡が、先生方から私を含めた保護者にありました。それを聞いて、私は「いじめ」についても娘たちに話しておかなければならないと考えました。

父　学校でいじめってある？

次女　あるよ。酷いのは見てないけど、軽いのはあちこちで見るよ。
長女　あると言えばあるけど、からかっているだけかも…？
父　お前たちはいじめる側ではないと信じて話すよ。いじめの根本を見ていくと動物的に仕方のないことともいわれているんだけど、いずれにしろ自分より強い、または強そうな人をいじめようとはしないよね？
次女　反対にやられちゃうよね。
父　そう、要は相手が自分より弱そうだからそうするんだ。動物では生きるための捕食といって、命を奪って相手を食べてしまうことだからいじめとは言わないな。人間のいじめは過去から今まで世界中で起こっているから、人種や言語の問題ではなくて人間の残念な特徴なんだと思う。その人間の残念な部分の特徴を簡単に説明すると、次のようになる。

気が小さいから強く大きく見せたい
自分ではなく人のせいにしたい
妬み・嫉妬心が強い
うらやましがられたい
優越感が欲しい
否定・批判が得意
相手が困ることを一生懸命考える

父　まだまだあるけど、どう思う？

長女　最悪だね、こんな人。でもいるんだろうね…。

次女　まだそこまでひどい人はみていないかなぁ。

父　まだ中学生だからその程度かもね。でもそういう素質のある人は、どんどん悪い方に育っていくから要注意だ。お金に無頓着で問題を起こす要注意人物とは全く違っていて、相手を傷つけようとするから攻撃性がある。さらに、そういう人はおとなしく反撃しない人を選んでいるから始末に悪い。学校での集団生活と教育を受ける中で何かに気づいていってくれたらいいのだけれど、軽いいじめをするような人の中には自分のしていることがいじめだと認識していない人も多いんだ。

長女　そうなの？　気付いていないんだ。

次女　なんか頭に来る！

父　このいじめる人を一言で表すと「本当は弱いのだけど自分を強く見せて、優越感に心を満たしたい人」という、滅茶苦茶ちっちゃい奴になるんだ。かっこ悪いだろう？　大体そういう奴は1人では何もできなくて、同じような仲間を集めて何人かで徒党を組んでやるんだ。1人じゃ不安だからね。暴走族とかも全く同じ心理だ。みんなでやっているから自分だけの責任じゃないという心理が心の闇を引き出し「規則なんかに従わない勇敢な俺なんだー」ってね。1人ではただの暴走だからね。

次女　超ダサーい。

長女　集団になるといきなりテンション上がる人ね。

父　そうだよな、ダサいよな。じゃあ友達がいじめられていたとしたら、お前たちはどうする？

長女　まだその場に居合わせたこともないし、相談もされてないけど…。

次女　私だったら、何とかして助けたいかな。

父　これもその場の状況だから答えは1つではないけど、見て見ぬふりもできないし、もし知っていて無視していたら同罪とまでは言わないけど近いものがある。仲間を助けてあげられなかったと、将来にまで自分の心に悔いることにもなる可能性もある。勇気をもって直接注意するにも、その後のことも考えないとならない。もし矛先が自分に向かってきた時は、解決の努力と時間が必要になる。解決策としては、まずできるだけ多くの友達と複数でやめるように注意する、先生や上級生に口頭で相談する、問題を表沙汰にする、自分の親に直接事実を話す、番長みたいな人に相談する、などと色々ある。学生の時に、もしいじめの問題を目にした場合は、勉学以外で一番考えさせられることになるだろう。とにかく自身で解決できないとしたら、誰かの力を借りるしかない。その誰かはその場の状況判断で決めるしかないな。とにかく相談する、それも早めに対応する。でもいじめのニュースがこれほどあってもなくならないよね。大人になってもいじめはあるし、家庭内でも職場でも人が集まるところにはそこら中にあると思った方がいい。置かれた環境からどうしても仕方ない時もある。心が少し歪んだいじめる側の人は必ずいるし、どこかで必ず出会うだろうから、自分自身で気にしておくしかない。答えはいくつもあって特効薬はないから、その時は相談してくれ。もしかしたら次に話をしようと思っている「計画」が参考になるかもしれないよ。

いじめの問題を軽く語るわけにはいきません。日本に昔からある大きな社会問題です。恥ずかしい話、いじめ保険やスマホにシャッター音があるなんて世界で日本だけなんではないでしょうか。いじめは命にかかわり心に大きな傷を残す問題です。よくニュースで学校の責任とも出ますが、残念ながら学校や先生が全てを解決してくれるわけではありません。家族も参加して全員で解決しなければならないのです。日本ではアメリカのように、逮捕権を持つ「スクールポリス」のような制度もありません。

程度はあるにしろいじめは犯罪です。ある程度物心がついた中で始まった学校での集団生活とはいえ、子供本人も自分の性格にまだ気づいていないことがあります。特にいじめる側の子供は、「じゃれている」「からかっている」つもりがエスカレートして「いじめ」になっていることがあるという事実を誰かが指摘してあげないと、その子供本人だけでは気付けない場合があります。私は子供がいじめる側になってしまわないための予防的に、いじめは超かっこ悪い、ダサい奴と連想させるように話をしました。最近も話題になった迷惑系ユーチューバーも同じですね、必ず撮影している友人がいて、その感覚のずれた少人数の世界の中でエスカレートして事件になっていくという図式です。また、程度がありますが私の場合はもし我が子にいじめがあった場合は学校よりも真っ先に警察に相談すると決めていました。それは問題を表面化させていじめる側の子とその親、学校および先生、各保護者に対し大事《おおごと》だと知らせる方法としてです。

ひと言　いじめる人は超かっこ悪いダサい奴

少年少女よ、大志を抱け！

いじめの問題は、自分の近場でより弱い人間を見つけて優越感を持ちたいという感情も原因の1つです。その同級生という人間関係の範囲のスケールが狭いと意識させる事も話しました。本当のライバルは同世代だけでも世界中にいるのです。いじめの話をしたからには、その点にも触れておきたいと思い、次の話をしました。

父　今のライバルで比べる相手はクラスの同級生だと思うけど、ライバルはそこだけじゃないんだ。学校全部、神奈川県、全国、さらに世界中に同年齢の人がいる。その人達がライバルだと思うとスケールが大きいだろう。日本だけでも同級生は90万人もいて世界では1億数千万だ。半端ないぞ！　そんな同級生たちに負けないように頑張っていくためには、自分の可能性を信じてまるでスポンジのように探求心と興味をもって学校に行ってほしいな。そしたら目の前の小さいことや他人の目なんか関係なくなるから。前に言ったいじめる人の共通点は視野が超狭いということなんだ。

長女　そんなに沢山いるんだ、クラスの40人だけ見てたら駄目だね！

次女　分かった！

ひと言　**同級生のライバルは国内に90万人**

図2−9

父　ボーイズ・ビー・アンビシャスという言葉がパパの時代にあった。というか今もあるんだけど、今は当然男女平等だからボーイズじゃなくてボーイズ・アンド・ガールズ・ビー・アンビシャスだな。元はクラーク博士という人の言葉で、訳すると「少年よ、大志を抱け」という意味だと習った。その時は「ふーん」って聞いていたけど、その後段々と次のように思うように変わっていきました。

少年よ、大志を抱け
←少年よ、大きな夢を持て
←少年よ、人生に夢を持て
←少年よ、人生を幸せにするために計画しろ
←子供たちよ、自分と周りの人の人生が幸せになるように経済と仕事を計画し、そのために一生懸命に努力するんだ！　それは自分の人生がまだ決まらない今なんだ！

父　こういうことだね。

長女　この言葉は知っているけどこんな風に変えていくんだ！
次女　大志を抱くだけじゃダメなんだね！

この有名な言葉は誰もが知っていると思います。耳ざわりが良く、子供の頃英語をしゃべっているんだ、という優越感も得られた記憶があります。

経営をして気が付いたこと。それは、立場上指示をすることは簡単ですが、意味を理解していない人にいくら大きな声で言っても何も伝わらないことです。その人が分かる言葉で伝えてあげなければならないのですが、それができない、分かっていない人のあまりに多いこと。そのような上司は多くの場合、言う側の上司は言われる側の部下への愚痴と叱責ばかりになってしまっています。大手と違って中小企業では即戦力が必要ですから教育する時間がありません。ですからその人に任せっきりになります。私は指示する側の教育は自衛隊の少年工科学校で「リーダーシップ」という授業で習いました。その時は学生ですから実際の指示はできませんが、卒業後の部隊では卒業した翌日には既に部下がいて指示しなければなりません。それを教官から強く言われていましたし自分自身も分かっていたために皆真剣に聞いていた記憶があります。私は部隊には行きませんでしたが、会社経営で思い悩んでいた時にあの時の授業を思い出し、そして学び直しました。本当に役に立ちました。いろいろなところで見聞きする先人たちの英知の結晶ともいえる「教え」「学び」は、やっぱりプライスレスでした。

父　ところで、このサイドラインの部分は年齢が変わっても使えるんだよ。例えば30代なら次のようになる。

30歳の俺よ、自分と周りの人の人生が幸せになるように一緒に歩む彼女とその家庭を計画し、そのために一生懸命に努力するんだ！　それは自分の人生がまだ決まらない今なんだ！

父　これは結婚をしようとする場面だね。

次女　そんなことを考えてたんだね。

ちなみに今私はギリギリ50代ですが、今をこの言葉で表すと次のようになります。

59歳の俺よ、自分と周りの人の人生が幸せになるようにいい人間関係と誰かの役に立つことを計画し、そのために一生懸命に努力するんだ！　それは自分の人生がまだ決まらない今なんだ！

色々使えて便利な言葉です。とにかくシンプルなのがいい！

父　ここで計画という言葉が沢山出てきたけど、ある程度経済と社会の仕組みが分かった上で次に出てくることが、さっきの言葉にもあったように〝夢を持つ〟ことなんだよ。ただ、夢を持つだけなら簡単だけど、それを実現するために重要な一丁目一番地（もはやこの言い回しは死語）は「計画」が必要なんだよ。計画の重要性は半端ではなく、もしかするとこれが一番重要かもしれない。計画についてはまた次に説明するからね。

次女　なんかさぁ、「ここが重要だぞ！」ってのが多すぎない？　大事大事ばっか言ってる気がする…。

父　だって重要だし、大事なんだもん…。

カマタニメソッド

お金の流れ
- 払う側
- もらう側

雇用・就職
- 公務員
- 民間

民間
- 大企業
- 中小企業
- 零細企業・フリーランス

働き方
- 水色で働く
- 仕事の能力４つの仕分け
- 人のタイプ４つの仕分け

人間
- 学歴と教養
- いじめ
- 学びと教え

大志
- 夢・希望
- ライバル
- 使命

「起業する道を選んだのも、父の影響です」

次女

　中学生の時から、父から「世の中にはこういう仕事の種類がある」という話だったり、「公務員になると安定しているけどもらえる金額は大体決まっている」という内容だったり、あるいは「正社員になると副業もやりにくい」という話だったりを聞かされていたので、その影響もあって私は起業という道を選んだのだと思います。

　父のように自分で考えて会社を興してやっていきたいと漠然とでも初めて考えたのは、中学2年の時でした。ちょうど父が中東の国でのビジネスチャンスがありドバイに出張することになったのですが、そこについて行ったのです。商談の時も横にくっついていたし、夜は皆で楽しく遊んでいる姿も見て、こういう自由な人生を送りたいと強く思いました。そしてこういう人生を送るには、やっぱり自分で起業したり独立したりして、人生を自分で切り開いていかないと勝ち取れないというのも肌で実感しましたね。

　でも父に言わせると、私が会社員や公務員にならずに起業するような人に育っていくというのは、2歳の時から薄々感づいていたようです。私が2歳の時に撮影したそうなのですが、雪が積もっている中、父が乗っていた車の前で私が泣き叫んでいる写真が残っています。父が「寒いから外で遊ぶのをやめて、家に戻ろう」と言った時、私だけがずっとて泣きわめいて、一切言うことを聞かなかったと父から聞きました。隣にいる姉は、全然そんな表情はしていないのに…。父はここで悟ったようです。「この子は自分のやりたいことについては意思を強くはっきりと主張するから、協調性があるタイプではなく目標に突き進んでいくタイプだろう」と（笑）。「三つ子の魂百まで」という言葉があるように、思い起こせば確かに私は小さい頃から自分の意思を曲げないタイプだったように思います。

高校に入学する時に、「彼氏を作れ」と言われたことはよく覚えています。初めて聞いた時は「え、そうなんだ」「マジか」と驚きましたし、周りの友達に話しても誰もそんなことを両親から言われなかったようで、随分びっくりされて羨ましがられた記憶もあります。

ただ、驚いたのは最初に言われた時だけで、よくよく考えると父の教えはその通りだと納得して理解ができました。父は「人間はロボットじゃないので、感情がある。その喜怒哀楽っていうものは人間関係でしか作れないし、一番養えるのは人間関係や恋愛を通してだ」という考えの持ち主でした。だからこそ、「どうせ彼氏を作るんだったら早く作った方がいいし、ちゃんと紹介できるいい彼氏を作って、パパも含めてみんなで遊ぼう」ということを言ったんだと思います。そしてそれは理に適った話だと、私も思います。

私は、幼小中高一貫校の私立女子校に通わせてもらっていましたがそこは中学生までにして、自分の可能性に挑戦したく、新しくできた共学の県立高校に通いました。そこは帰国子女や外国人の生徒も多い学校だったので、そういう生徒とも多く知り合いました。父の言う通り、彼氏ができた時には父にも紹介して一緒に遊ぶこともありました。ただ最初の彼氏はヨーロッパの人で、その次は中東の人だったのですが、さすがの父もそれは予想外だったようです。そういう父なので次第には、「みんな真面目でまっすぐないい奴らだったね」と言ってくれています。ただ、交際に発展しそうな人は先に父にも紹介して「どう思う?」と意見を聞くようになったくらいです。

ただ保護者の立場からすると、やはり父のように「彼氏を作れ」というようにはなかなかオープンに言いにくい部分もあると思います。それでも私は、「彼氏を作れ。一緒に遊ぼう」と言ってもらえてよかったと思っています。私は子供の頃から「楽しい」とか「絶対にこれをしたい」とか思ったらそれに突き進む性格だったので、恋愛について父にオープンにせずに「楽しい」という感情を優先して行動していたとしたら、間違った方向に進んでいたんじゃないかと思うからです。彼氏ができた時には父に紹介することで、「ちゃんと紹介できる人と交際しよう」という意識が働き、間違った方向には進まずに済んだのかなと。父のように言うなら、「恋愛ディスクロージャー」も大切だということですね。

後から聞いたのですが、ある日彼氏を家に連れて行った時です。私が席を外し彼と父が2人きりになった時です。その時をとらえた父は彼に「君はなかなかいい青年だな、だけど娘は元気は良いが気が強く色々大変だぞ！　何かあったらすぐに私に相談しなさい」などと、どっちの応援なのか分からない対応で私を笑わせました。

父の教えから影響を受けたことは他にもいっぱいあります。経営者として「水色の法則」も大切にしていますし、この後の第三章で登場すると思うのですが、「計画の重要性」もその最たるものですね。私は比較的若い頃から起業して、しかもそれが焼き芋屋だったり、あるいは選挙に出てみたりと世間的には突拍子もない行動をしているので、思いついたひらめきを即実行に移せる、フットワークの軽い「最強の実行者」のように思われがちです。ただそれは間違っていて、実は実行に移す前に計画をめちゃくちゃ念入りに練っているだけなんです。もし「最強の実行者」のように見えているんだとしたら、うまくいかなさそうな時はすぐに中止したり、あるいは計画を変更したりするんですが、そのスピードが速いんだと思います。父の教えで小さい頃から計画して実行することには慣れているので、そのスパンがすごくスピーディーなんです。だから他人から見ると「すごく計画するのが早いのに、ちゃんと着実にやってるんだね」となるのでしょう。では、その計画についてはどういう教えを受けてきたのか。そのあたりについては、この後の第三章に詳しく書かれているので、ぜひ読んでみてくださいね。

第二章

計画の重要性

人生における計画と選択とは？

子供たちにはまず、お金と社会の仕組みについて順番に話しました。でもそれは事前の準備であって、ここからは実際の行動が伴う話になります。いきなり計画の立て方の方法を話したところで、目的がないと話になりません。目的を達成するために計画があるのです。これも、私が子供たちにこれを教えようとして立てた〝計画〟です。

父　お前たち、計画って何か分かるか？

長女　分かるよ！　そんなことくらい。事前にゴールを決めて、そうなるように進めていくこと、でしょ？

父　さすが長女、100点だな。

次女　何それ！　私のことはそんな風にほめてくれないじゃん！　そんなことくらい私だって分かっているよ？

父　ははは。ごめんごめん、それくらい分かるよな。計画って言葉を知らない人は、ほとんどいないと思う。まず計画って何かと言うと、大きく言えば「自分の人生を幸せにする夢を叶えるために自分が進むべき道しるべ、または地図」って感じかな。何となく分かるよね。お前たちがこれから幸せになるためにその計画の立て方、立てる方法の話をしたいと思う。

朝、雨が降りそうだから傘持っていこう
日曜日、午前中に宿題終わらせておこう
夏休みの前半に課題を超特急で終わらせて、後半遊ぶぞ！
1学期の間にこれやろう
2年生の間にこれやろう
卒業までにこれやろう

父　こういったものも大まかに言うと全部計画だよね。日々の生活の中で無意識にやっていることも、その計画の中に入るんだよ。何かをやろうとすることは、細かく言えば全部計画になるんだけど、ここで選択という言葉も出てくる。傘を持っていく、持っていかないは、どちらかというと選択になる。要するに「選ぶ！」ということを言うんだ。選ぶという動作はいくつかある中でどれかを決める（選択する）ことだよね。選択は計画した後の実行の時に出てくることだから、それより先に計画があるんだ。傘を持っていこうという選択は「雨が降りそうだから濡れたくない（計画）」「だから傘を持っていこう（選択・実行）」となる。これは小さい話だけど、さっき挙げた例を見ると、時間軸は短期的な話からだんだん長くなっていっているよね。「卒業までにこれやろう」は何かを選ぶのではなく、自分で「これをやる！」と決めることを指すから、何かを選ぶわけではないよね。

図3－1

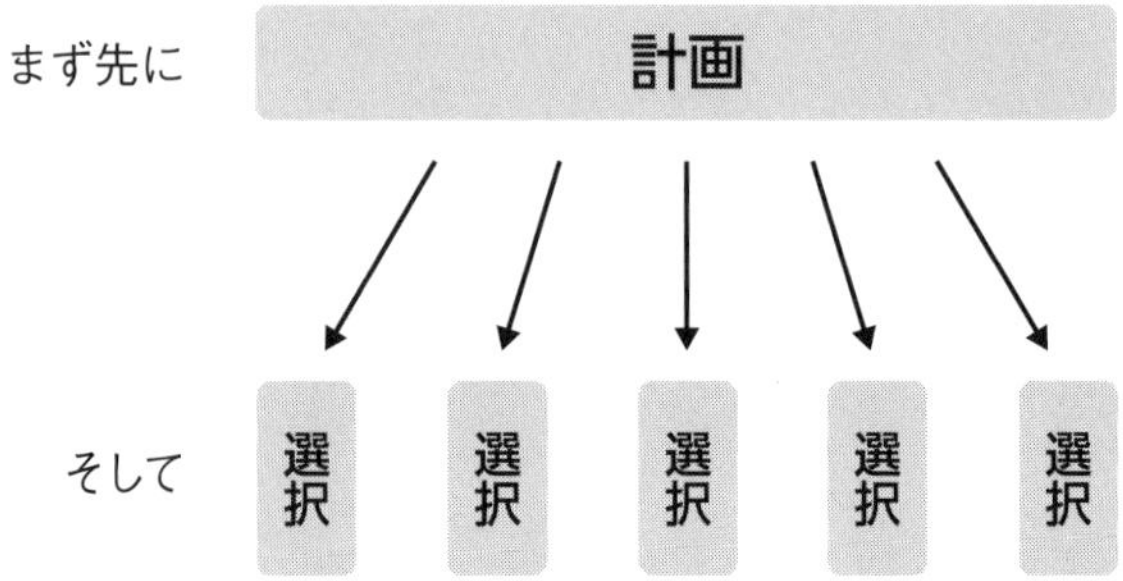

長女　そうだね。

次女　そうだね。

長女　あんた、マネしないでよ！

ひと言　**計画した後に選択がある**

父　そして、だ。また2つに分けて話をするよ。計画をしない人はいないと思うけど、計画をした人の中でも、その計画を実際に実行する人としない人の2つに分かれるんだ。当然自分で決めた計画なんだから、実行した方がいいに決まっているよね。でも実行しない人は、面倒臭くなったとか、変更したとか、後でやるとか、とにかく何か理由があって実行していないんだと思う。自分で立てた計画も重要度が何ランクにも分かれてて、どうでもいい計画もあれば超重要なものもあるよね。当然実行するタイプの人の方が実行しないタイプの人より前に進んでいくのは分かるよね。

ひと言　**自分で立てた計画を実行する人と実行しない人がいる**

パパの人生の選択を実例として話す

長女　それはそうだと思うよ、でもまだ人生の大きな計画なんてないもん。あるなら進学だろうなぁ。

次女　そう！　私は今そこかな。

父　学生が初めて直面する大きな選択は、学校の進路だよね。パパもそうだったよ。田舎の中学校から都会の学校に1人で出てきた時も、進路は悩んだ記憶があるよ。当然1人の友人もいなく身寄りもいなかったから、いつも緊張していたことを覚えているな。

私は中学生までは石川県の柳田村（現・能登町）というところで、男兄弟2人と両親の5人家族で生活していました。詳しくは後ほど述べますが、普通は近隣の高校に進学するところを、あることをきっかけに神奈川県の横須賀にある陸上自衛隊の少年工科学校というところを親に黙って秘かに受験したのでした。そして半ば合格が決まった状態になってから親に突然話をしたので、とても驚かれました。「3人兄弟だと、大体真ん中の子供に変わった子がいるもんだ」と近所のおばさんが言っていたのを覚えています。

次女　どうして1人でそんなところに行ったの？　友達もいなくて寂しいじゃん。

長女　そう、どうして？

父　それはね、中学2年生の時に木造の古い校舎の建て替え工事が始まったんだけど、自衛隊の施設部隊がその作業に何カ月か泊まり込みで来てたんだ。それである日の夕方、野球部の練習をしていた時にその自衛隊の人たちが参加してきたことがあったんだけど、「中学が終わってから入る自衛隊の高校があるんだぞ。だけど難しくてなかなか入れないんだ」と話してくれてね。それを聞いたのがきっかけで、そこに行くことになったんだ。「行くことになった」といったけど、正確には「行こうと思った」「行くことに決めた」が正しいね。試験を受けて合格しないと入れないから、当然決まったわけじゃない。ましてや情報なんかも全くないしね。今から思うと、ここから計画が始まったんだ。

ひと言　衝突事故のような出会いが人生を決めることがある

長女　ところでさぁ、なんで行こうと思ったの？
次女　そうそう。そこが大事！
長女　あんたさぁ、ちょこちょこ出てこないでよ！　私が質問してんだから！
父　まあまあ。その質問の答えは一言で言えば「なんか面白そう！」だね。
長女　えーっ！　そんだけ〜？
次女　そんだけ〜（笑）。
父　そう、そんだけ〜（笑）。まあ少し詳しく言うと、次のようになるね。

1　田舎から早く脱出したかった
2　都会に憧れがあった
3　知らない世界に興味があった
4　俺ってどこまでやれるんだろう？

父　こういったことが心の中のどこかにくすぶっていて、それが少年工科学校の情報を得てピカッて光って見えたんだろうね。でもここからが問題で、何の情報もないから色々考えるんだ。当時は当然インターネットもないし携帯電話もない。電電公社に——今のNTTだね、104番で少年工科学校の電話番号を教えてもらって、電話したんだ。そしてパンフレットを送ってもらった。その時はなぜか親に知られたくなくて、郵便で配達されて親が先に見たらどうしようと思って村の郵便局にパンフレットが届いていないか聞きに行ったりしたかな。そんなことがあって、何とか手元に薄っぺらいパンフレットが届いて毎日ずーっと見ていたんだ。4ページしかないのをね。そこから分からないことをその学校に何度も電話して聞いて、とりあえずの情報は得たんだ。試験は3次試験まであって、1次試験は国家公務員初級程度、2次試験は身体測定含めた健康観察、3次試験は入学直前の健康チェックを学校で行う、というところまで分かって、そこからひたすら初級の公務員試験の問題集を学校の授業中も無視してやっていたかな。そして1次試験を緊張して受けて見事合格。なぜかそこは地元の中学校の中で先生の監視の下でやったんだ。2次試験は金沢にある陸上自衛隊の駐屯地内だったので、親に車で送ってもらわないと行けなかった。だからそこで初めて親、つまり2人にとってのおじいちゃんとおばあちゃんに言ったんだ。ある日の夕飯が終わった時に次のようなやり取りをしたね。

父　父ちゃん、母ちゃん。ちょっと話があるからいいか？

祖父・祖母　（無言で顔を見合わせる）

父　今までは義務教育だったからしょうがなかったけど、これからは1人で生きていくことに決めたから、中学を卒業したら家を出てこの学校に行く！　今まで育ててくれてありがとうございました。

パンフレットを差し出すと両親は手に取り、無言でページを開いて見ていました。そして次のように言いました。

祖父　ふーん、よう分からんけど、頑張れ（そのままお茶を飲む）。
祖母　（無言）

随分後になってから聞いた話ですが、両親ともにあまりの突然の宣言に驚いたようでした。さらに1次試験も合格済みで、相談ではなく決定を聞かされたことのプロセスにも驚いたようでした。

父　話がそれたけど、これを計画として説明をすると、次のようになるんだ。

1　何かのきっかけでその学校に進もうと思った（強い意志を持った）
2　そこに行くために、できるだけ情報を集めた（その時点で可能な限り）

3　実現しようと勉強した（単純に努力した）

4　実現しようと両親への説明をした（周りの環境を整えた）

父　こうなる。まあ簡単に言うと、どうしてもそうしたいという思いの強さが最初にあって、その強さレベルで次が決まっていくんだ。パパの場合、田舎から脱出したいという現状への不満がそのきっかけになったのかな。だから決して満足する環境が将来にいいとは限らないんだよ。裕福で何でも手に入る友達がうらやましいと感じることはあったとしても、後から考えるとそれが不幸の始まりだったってことも多いしね。それにインターネットがある今は何でも自由に知りたいことは手に入るけど、当時はそんな便利なものはなかったからね。「何とかして知りたい」という情熱とエネルギーが、考えて工夫することに繋がっていくんだ。

ひと言　**不満や怒りがエネルギーの元になることがある**

ひと言　**不足が幸せで裕福が不幸の場合がある**

父　だから地方から出てきて1人で頑張っていく人は、ある程度覚悟を持っているから強いことが多いかな。それに比べると首都圏にある自宅住まいって人は弱い人が多いような気がするかな。

図3－2

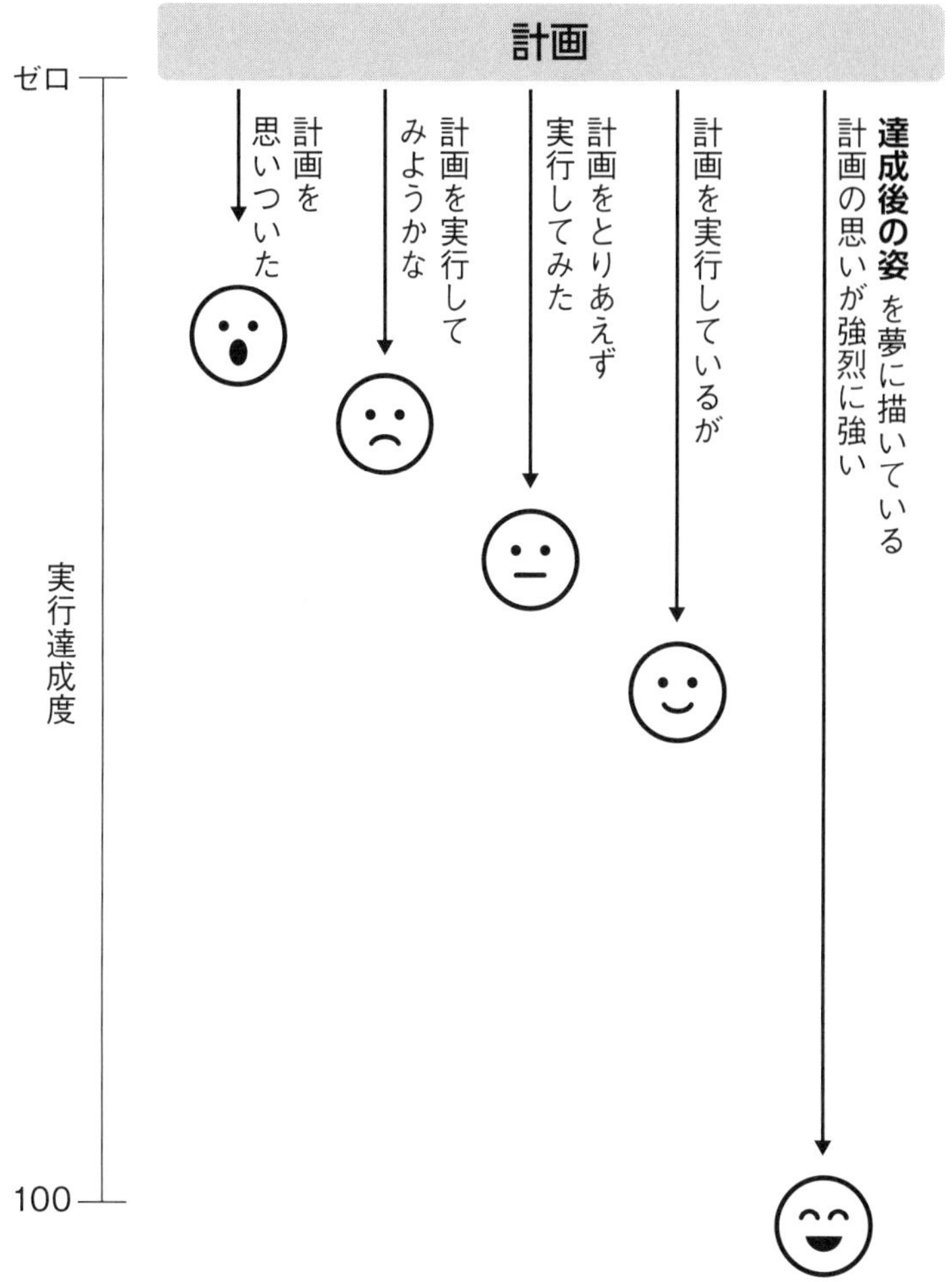
計画
ゼロ
100
実行達成度
計画を思いついた
計画を実行してみようかな
計画をとりあえず実行してみた
計画を実行しているが
達成後の姿を夢に描いている
計画の思いが強烈に強い

長女・次女　それって私たちじゃん！

計画は、決めたことを実行するための道具

父　そうかもしれないぞ。そしてそれは最初に説明した〝お金〟にも関係するんだ。1人で生活するというのは学生であっても社会人であっても家賃や食費なんかを全部自分で支払うことだから、自宅通いの人との違いは分かるよね？

長女　そうだね。今は寮だからまだいいけど、そのうち1人で生活するようになるんだろうから色々考えないとね。

当時長女は親元を離れて他県の高校に進学し、寮生活を送っていました。

次女　私もそのうち1人で生活するのかなぁ。とても心配になる！

父　次女はまだだいぶ先の話だから、また今度話そう。長女はそうだなぁ。それも計画だけど、決まった中での小さい決めごとの行動計画になる。人生を左右する計画は最初に「強く思うこと」と言ったよね。まあ〝夢〟と同じだ。ボーイズ・ビー・アンビシャスもそうだよね。だから計画は、決めたことを実行するための方法や道具と理解したらいいと思う。道具を上手く扱える人と扱えない人がいるのと同じだ。でも道具は使っていくうち

に慣れてきて上手にできるようになるんだよ。パパのように何かに興味が湧いて人生が変わっていくことは、計画ではなくて突発的な出会いだ。それは探していて見つかるものではなく偶然なのだろうけど、いつも何かを考えていてもがいている人に訪れると思っている。だから、いつも口開けてぼーっとしてたらダメだよ。大体そんな人に限って何も起きなくていつも「俺は運が無い」なんて言っているよ。

長女　（次女に向かって）あんたのことだよ！

次女　口開けてぼーっとなんかしてないもん。口開けてよだれ垂らして寝てんのはお姉ちゃんじゃない！

長女　えっ、垂らしてるの？

父　２人とも垂らしているから大丈夫だよ（笑）。

ひと言　**計画は道具と同じ。使っているうちに上手になる**

話が逸れて自分自身の人生の選択時の話をしました。戦後の混乱期ではあるまいに、中学生で「勝手に家を出て1人で生きていきます！」なんてことを言う子供は、その時期としても珍しかったと思います。当時は1人で生きていくなんて「なんかとてもかっこいい」と感じていったんだと思います。なぜそれをかっこいいと思ったのかは今も分かりませんが、「知らないことを知りたい」「できないことをできるようになりたい」「自分ができないことができる人には憧れる」といったことは、今でも同じです。その好奇心は60歳をもうすぐ迎える今も続いていて、同年代からは感心されておりうれしく思っています。恥ずかしながらSGO（Super Genki Oyaji）と自称しております。

計画を立てた人、立てなかった人の違い

父　計画は道具といったけど、その便利な使い方の話をするよ。例えばあることを計画したとする。その後、当初の計画通りに進めば何の問題もない。当たり前だね。じゃあ、計画が思うようにいかなかったらどうする？

長女　計画をやり直せばいいいんじゃないの。

次女　そんなの普通じゃん。

父　その通りだな。じゃあ、うまく進まなかった時の計画を立てていた人と立てていなかった人でどう違うか。その話をするぞ。

Aさん　世界を飛び回って何カ国語も話せて、各国に親友がいる将来を夢見て計画していた。そのためにまずは英語が大事だ！

Bさん　海外に興味があるのでいつか行ってみたいと思っている。そのためにまずは英語が大事だ！

父　共通するのは、海外に行きたいので英語が必要なことだよね。Aさん・Bさんが共に部活と試験勉強で忙しすぎて時間が無くなって一番興味のある英語の勉強ができなくなったとしよう。その時にAさん・Bさんはどうすると思う？

長女　Aさんはその中でもなんとか時間を見つけて勉強しようとするんじゃないかな？

次女　Bさんは時間ができたら勉強しようと思うんだろうね。なんか話が見えてきた！

父　その通りだ。目的と目標は全く違うからね！　明確な目的が決まっている人とそうではない人とでは、時間が無くても何とか探して自ら動こうとする能動的な人と、時間ができたら動こうとする受動的な人、という差になって現れる。そしてこの場合は英語がハードルになるんだけど、先に大きな目的があれば目の前のハードルは自分の目標と比較すると小さく見えるけど、先に大きな目的が無い人は目の前に立ちはだかる壁のような大きなハードルになってしまうんだ。同じ高さのハードルなのにね。だから夢を持って計画を立てるということが大切になるんだ。人の性質で分けると「能動的・積極的」な人と「受動的・消極的」な人になるかな。どっちがいいか悪いかという話ではないけど、なりたい自分になろうとするならやっぱり前者じゃなきゃ駄目でしょ。

ひと言　**目的を達成するために目標を立てる**

ひと言　**目標を決めると高い壁も低くなる**

図 3－3

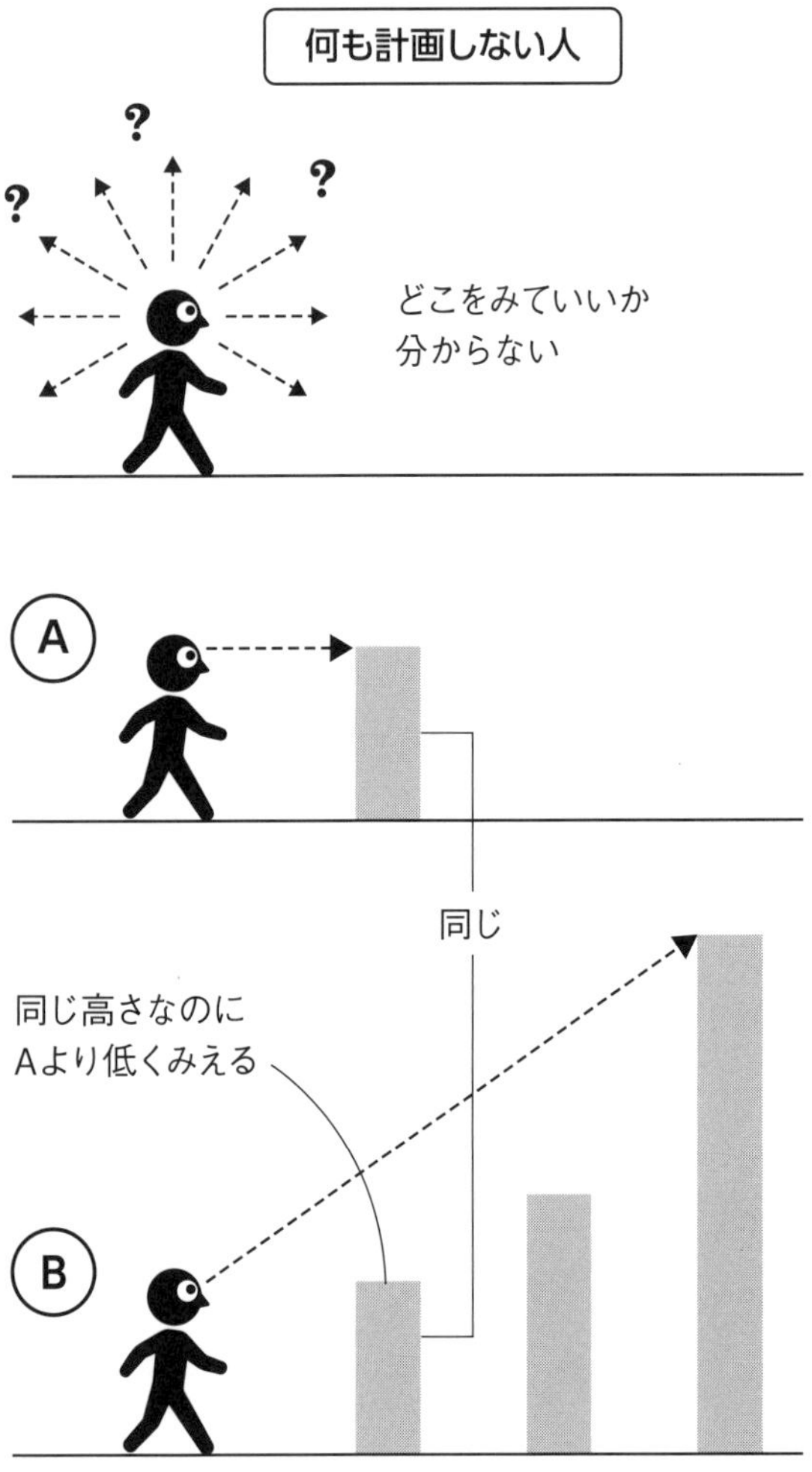
何も計画しない人
どこをみていいか
分からない
A
同じ
同じ高さなのに
Aより低くみえる
B

私はオリンピックやスポーツ観戦で、しょっちゅう感動して泣きます。その選手が高いハードルを設定して無理だと思う目標に向かって頑張り続け、記録が出なかったりケガをしたり挫折を繰り返したりしながらもやっとたどり着いてその場に立っているということを想像するだけで、スタートする前から目が潤んできます。私の中学生の頃に憧れていたのは、野球をはじめとする「プロスポーツ選手」でした。まさに憧れと夢です。それが歳を重ねるたびに実力を理解し、現実に落ち着きます。ですが社会人となった今でもスポーツが好きで、ウインドサーフィン、フルマラソン、トライアスロン、ＳＵＰ、ＢＩＧＷＡＶＥサーフィン、スキー、スノーボード、バックカントリー、ロードバイク、ゴルフなどを一生懸命にやってきました。遊んでいる暇なんかどこにもありません！（笑）。その中で２０２２年、新型コロナウイルス感染症も落ち着いてきた頃に、ゴルフのプロテスト（シニア）に思いもよらずに合格しました。東南アジアのタイでのライセンスです。59歳になってようやく、14歳だった45年前に夢に描いていた「プロスポーツ選手」になることができました。まさに夢のようです。いろいろなスポーツを一生懸命やっていたおかげで、スポーツの神様がこのプレゼントを届けてくれたのだと感謝しています。昔は目を吊り上げて「負けない！　とにかく勝つんだ！」の一点張りでしたが、この年齢になるとスポーツを勝敗だけではない様々な形で楽しめていて、競い合っていたライバルたちは今は称え合う仲間になっています。

インターネットやSNSとの付き合い方

父　次の話は、ちょっと計画とはずれるよ。例えばテレビのお笑い番組。巧みな話術とキャラで人を笑わせる番組がとても増えたよね。パパも見て好きな芸人さんもいる。けど、こういう心配もしている。

1　ただ見ているだけで笑わせてくれる
2　ただ見ているだけでストレスが発散できる
3　ただ見ているだけで…

父　これは考えすぎかもしれないが、昼も夜も夜中もそういう番組が多すぎて、ストレス発散だけならいいけど、1→2→3と、考える意識が薄れていくんじゃないかと思うんだよ。

次女　パパ、そんなの考えすぎだよ。学校でもお笑いはみんな大好きだよ？

父　まあそうかもな。昔は新聞に書いてあることは全て正しい。TVのニュースも全て正しい。テレビのブラウン管（今なら液晶画面ですね）に映ったらヒーロー、だったんだよ。じゃあ、インターネットは？　調べたいこと、知りたいことが何でもすぐにできてしまう。便利かもしれないがパパの周りだと、次から次へとニュースや情報が出てきて本当に知りたいこと以外の必要のない情報まで見続ける人がいっぱいな気がするけど？

長女　そこはそうかもしれない。学校でも目が悪くなる人多いもん。

父　確かに暇つぶしになるんだろうね、パパもそういう時はあるからなぁ。この話をしたのはね、パパの周りで思い通りの生活や人生を歩んでいる人は、今例えに出したお笑いとかインターネットとかを上手く利用している人が多いと思う。ただ見て笑っている人、意味もなくネットニュースを見続けている人はいないな。要するに意識を支配されていないってこと。人間の脳の話になって詳しいことは分からないけど、ストレスから遠ざかろうとして楽なところに逃げてばかりになると、考えなくなる癖がつくんじゃないかと心配しているということかな。

ひと言　自分の気分や意識を自分以外の何かに支配されない

父　もう1つは、携帯電話のメールやSNSのこと（当時はミクシィが人気でした。今ならLINEなどのメッセンジャーアプリ、あるいはフェイスブック、ツイッターといったSNSがよく使われていますね）。こういうサービスを「利用している人」と「利用されている人」って分かる？

次女　何それ、利用するとかされるなんかあるの？

長女　同感！　自分で見てるんだから利用しているんじゃゃん。

父　これはパパの持論ね。パソコンのメールは主に仕事で使うのでいいんだけど、短い文章でやり取りするのがメインの携帯電話のメールやSNSで長文を送っている人や、姿を隠して一方的やお互いに言い争っている人がたまにいる。これはまさに「利用されている人」で、要するに間違った使い方をしていると思っている。まあ自由に意見を言うプラットフォームならではなのかもしれないけど。人と人とのコミュニケーションの方法はいくつもあるけど、今代表的な5つを挙げると、次のようなものになるよね。

1　会って話をする
2　文章（手紙等）に書く
3　電話をする
4　（パソコンの）メールにする
5　携帯電話のメール（今ならメッセンジャーアプリ）やSNSを使う

1から5の順に、時間短縮と手順が簡単になっていくんだ。

図3－4

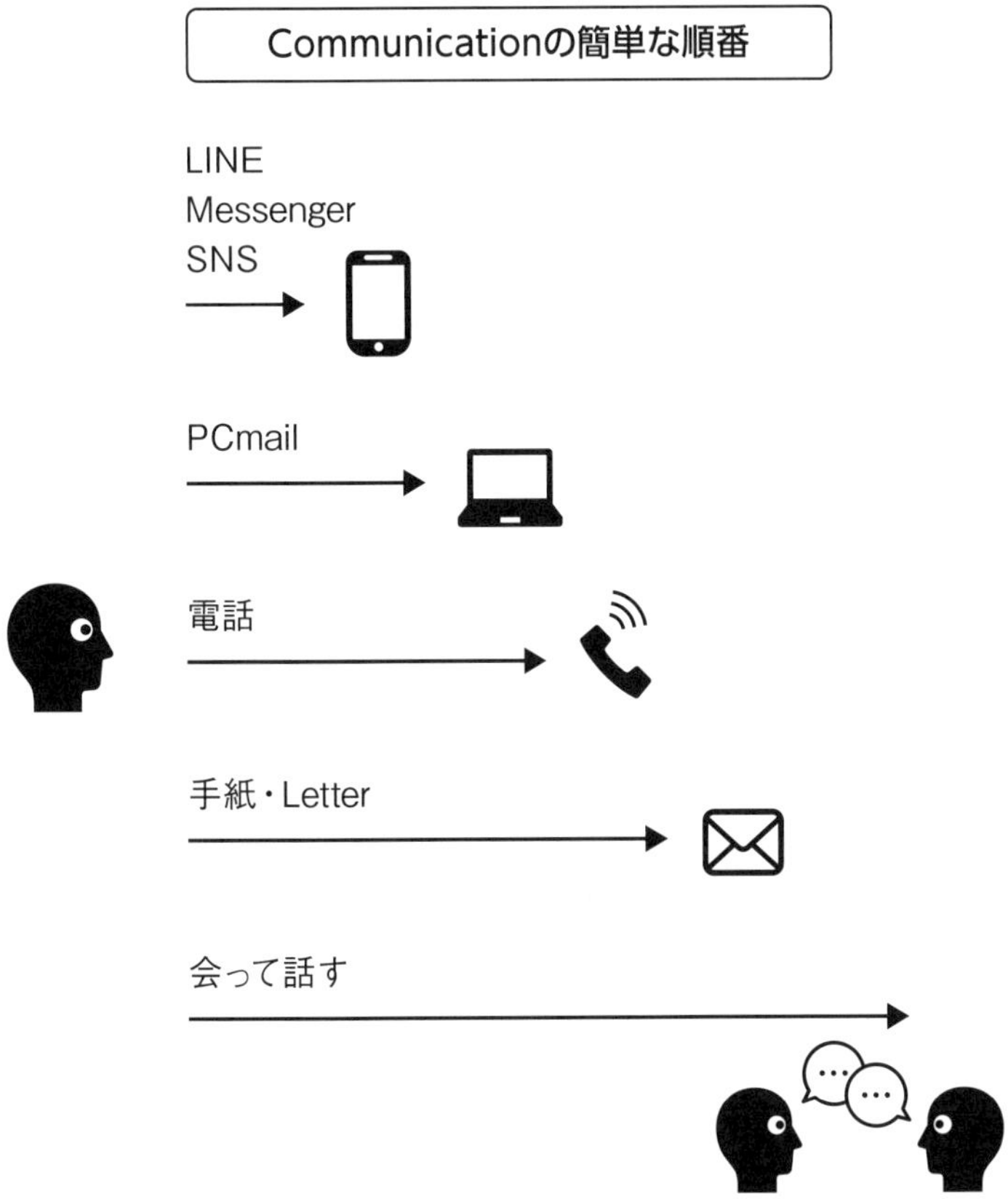

それぞれに特徴がありTPOによって使い分ける
面倒くさがって楽をするとトラブルになりやすい

父　重要なことと簡単なことではコミュニケーションの取り方が変わる、という理解が必要だということを言いたいんだ。込み入った内容の話をSNSの短文で行ったとしよう。例えば、ある集まりに「行きません」と伝えなければならないとする。1の「会って話をする」なら、「行きたいけど行けない理由がある」「言えればいいけど、言えない事情があって行けない」というような微妙なニュアンスも表情や身振り手振りで伝えることができる。こういう話は1か2、せいぜい3までしか伝えられないだろう？　でも便利なのは間違いなく4のパソコンのメールか5のメッセンジャーアプリやSNS。すぐにできちゃうから。また、コミュニケーションが双方向なのは1と3、それ以外は伝える時は一方通行。なのでSNSのトラブルは意思疎通が一方的でニュアンスが伝わらずに強い意思表示になってしまうことで起きることが多い。絵文字とかで気持ちを表すこともできるけど、SNS中心の人は電話もしなくなる人が多い。「なんでいきなり電話なんかしてくるかな～」なんて言っている人もいるよ。なので、言いたいことは内容や重要度で伝える方法を間違ってはいけないよってこと。これは計画とかではなく利用方法のことだね。仕事が多忙になると、なかなか会って話したり電話したりとかもしづらくなるからね。

インターネットの発達により、仕事上で本来なら対面で話す、あるいは手紙や電話で伝えるべき内容をメールやメッセンジャーアプリで一方的に伝えられることが増えてきたのですが、多くの場合でトラブルにつながってしまっています。メールやメッセンジャーアプリで物事を伝えるのは簡単なのですが、落とし穴があるのです。これは大人の世界に限った話ではないと思い、娘たちにも伝えておかなければならないと考え、話をしました。

長女　何となく分かった。TPOで使い分けるといいんだね。

次女　何、TPOって？

長女　（勝ち誇ったように）あんたTPOも知らないの、あははは〜。

次女　むかつく〜っ。

長女　TIME（時間）、PLACE（場所）、OCCASION（場面）の頭文字のことだよ、覚えときな！

父　最後のはひと言余計だね。これはいい例だな、今のを一方向では伝えないよね？　文章だけだったら喧嘩を売っているような言い方だけど、今のように会って話す双方向のコミュニケーションだったら、笑いながらとか冗談を雰囲気で伝えられるから、やっぱり使い方が大事だということが分かるよね。

ひと言　**SNSを利用している人と利用されている人がいる**

ひと言　**伝えたい重要度でツールを変える**

実際に計画を立てて、使ってみる

計画の話に戻します。

父　じゃあ次は、実際の計画の使い方の話をしよう。学校ではいろいろな友達がいるよね。嫌な人と同じ班になったり協力して何か発表したりすることになったらどうする？

次女　そう、今まさにそんな状況になってて困ってるの。なんかいい方法あるの？

父　まず一般論から話すね。いろいろな年齢や常識、生まれ育ちの人がいてそれぞれ自分の常識を持っている、というのは理解しているよね。その人たちと付き合うその時にまずすることは、その人の発言行動を見てどんな性格、考え方、言い方をするのかを自分で判断することだよ。最初だからその後変わっていってもいいんだよ。そうしていくと、自分に合いそうな人と合わなそうな人の２つに分かれる。

ひと言　**合わなさそうな人とは無理をせずに、まずは様子を見る**

父　合う人は問題ないよね。問題は合わない人で、そういう人は多分主張が強くわがまま、といったイメージだと思う。

次女　そうそう。その通り。

父　まあお前も多分相手からそう思われているんだろうな。ちゃんと自分の意見を言えるお前のような人同士はぶつかるようにできている。自分の意見が正しい、正しくないかが分かっていてもな。パパも同じような感じだから、いっぱい人とぶつかってきたよ。でも中には本当に性格が悪くてわがままで主張が強い人も現実にいるから、そういう人に対しては付き合い方を計画するんだよ。つまり、組織上関係しなければならない人や学校のグループなんかでの合わなさそうな人との付き合い方の計画をどう立てるか、という話だよ。

1　この人は多分こうしたいんだろうな
2　この人の性格上こう言ってくるだろうな
3　この人が喜ぶ言い方
4　この人が嫌がるだろう言い方
5　この人が合いそうな人、合わなさそうな人
6　この人の気分のいい時、悪い時とは

父　まず、こういうことをよく観察して、その人の人物像を想像する。そうしたら、次だ。

1 「こうなったらこうしよう」と、あらかじめ行動を決めておく
2 「こう言ってきた時はこうしよう」と、あらかじめ言うべきことも決めておく
3 意見交換でけんかになりそうになった時は、「ここで終わりにしよう」という着地点を決めておく
4 意見を聞きそうな人を利用する
5 「こう言った方が聞き入れやすいだろう」と、言い方も考えておく
6 トラブルが起きそうになった時には、聞いていないふりをする。適当に流す。相槌だけうつ
7 わざとマウントを取らせていい気分にさせる

父 このことは、自分は相手を「計画した側」になって、相手は自分から「計画された側」になる。これは計画した側がされた側をコントロールすることになり、成功の確率が高くなることは分かるよね。「計画した側」はたとえ立場が弱くても、主導権を握ることができるからなんだ。

ひと言 **対人関係の計画では、コントロールする側とコントロールされる側に分かれる**

図 3-5

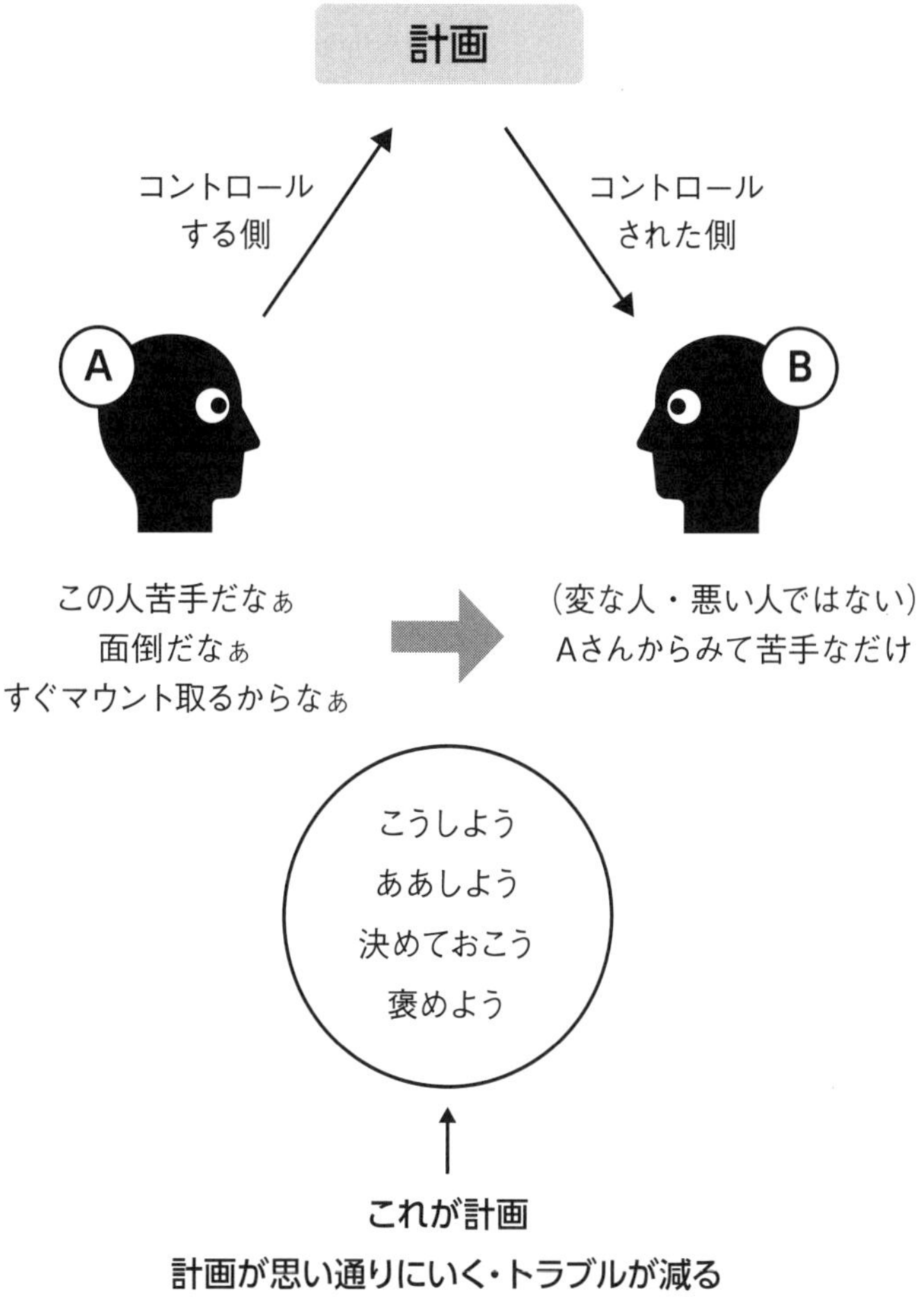
計画
コントロール
する側
コントロール
された側
A
B
この人苦手だなぁ
面倒だなぁ
すぐマウント取るからなぁ
(変な人・悪い人ではない)
Aさんからみて苦手なだけ
こうしよう
ああしよう
決めておこう
褒めよう
これが計画
計画が思い通りにいく・トラブルが減る

ここは計画の話の中では、もしかしたら一番重要かもね。人生の岐路の選択と計画はそれほど沢山無いけど、日々相対する人との関係性にまつわる計画は、自分と合わなさそうな全ての人に毎日でも使えるんだ。そうすることによって仕事上、人間関係上のトラブルが減ることになる。特に仕事上だと、人をまとめるリーダーとして有能な、能力ある人と見られるからお得だよ！

ひと言　計画するとトラブルが減る！

計画に関する（ちょっと違うかも）私の実体験をお話ししたいと思います。突然にある日から始まった主婦の仕事。自分のお腹を満たすだけなら何でも大丈夫ですが、食べさせるとなると話は大きく違います。毎日の朝食・弁当・晩御飯にその買い物、冷蔵庫の中身の記憶、買い物をするスーパー、そのスーパーの棚にある食材の配置、買い物かごからのレジ、その後の袋詰め、家についてからの冷蔵庫への詰め替え、調理時の開封、様々なごみ捨て、そしてやっとキッチンでの調理、便利グッズの凄さ、食器の種類、食材のバランスや色どり、好き嫌い、重ならないようなメニュー、調味料を間違えた時の絶望感、褒められた時の感激…。それが毎日続く様子を知りませんでした。

一般的にお金を稼いでいる男性は家に帰ると当然のように食事が出てきてテレビを見てその料理に無関心、食事中もスマホに夢中…。初めて主婦の大変さを経験しました。さらに評価も無いとしたら、「世の中の主婦といわれる女性たちは皆これを文句も言わずこなしているのか！」という驚きとなぜ知らなかったのかと自分への怒りが湧きました。そこに掃除、洗濯、幼児の世話、さらに仕事までしていたらその人はスーパーマンです。本当に頭が下がります。そこで計画しました。この大変さを少しでも知らしめようと、まずは自分の会社の男性社員に説明し、嘘でもいいから関心があるように見せることを強要しました。そして褒める、「何でもいいから褒めろ！」と。そして次は友人たちへ。また、やらされている風だとつらいので、娘たちをびっくりさせて驚かせてやったら楽しいかも！といろいろ工夫をしました。要は料理全般を自らコントロールしてやろうと思ったのです。ホームパーティーもその1つ。そうこうしているうちに料理が少しづつ楽しくなってきました。安いワインにも食材にも詳しくなりました。ですが会社経営の時間が無くなります。そこは社員に包み隠さずオープンに話して応援してもらうように工夫しました。得た教訓は一生懸命で必死な姿が最強であることの再認識。結果のご褒美は、あの時期からの「モテ期」でした（笑）。

ひと言　**一生懸命で正直な姿は何よりも己の身を助ける**

褒め方の法則

長女　へぇ〜。計画する側とされる側かぁ、意識したこともなかった。でもパパはいちいちそうやって人を見てるの？

父　いやいや、さっきも言ったけど、合わなさそうな人に対しての付き合い方の事前準備をしておくってことだよ。合う人にはそうはしないよ。皆にやってたらそりゃ疲れるよ！

そしてその相手の嫌なところは一旦置いておいて、いいところも必ずあるはずだからそれを探し出してとりあえず褒めるんだよ！　とにかく褒めるんだ。褒められて嫌な人はいないから、いい気分になるんだ。そうすると相手は自分にいい印象を持っている人となる。そうなると問題も減る、いいことが増えるというようになっていくんだよ。ただし相手を褒めるのに抵抗がある人も多いと思う。相手を褒めると、相手が上で自分が下となることだと思うけど、どう？

次女　そうだね、ちょっと抵抗があるかなぁ。でもそうした方がいいだろうね。

長女　私も抵抗あるけど、なるほどかもね。

父　これは一生の真の友人作りの計画ではなくて、日々のトラブル防止と上手く物事を進めていく方法の話だから、相手を褒めることに上も下も特に尊敬も必要ないからね。その単発の一部分だけを褒めればいいのだから。その人の人物全体を褒めるのじゃないから、もっと軽ーいかんじかな。ちょっとした勇気は必要だけどそれも最初だけで慣れるよ。

長女　じゃあ、そうやってみる。
次女　私もそうしてみる。けど嫌な先輩がいるけど褒めれるのかなぁ？
父　じっくり待ってたらその時が来るよ。

ひと言　**計画を思い通りに進めるには相手を褒める、嫌な奴でも褒めたら上手くいく**

父　白々しく褒めにいっても駄目で、褒め方にも法則があるんだ。3段階に分かれるね。まずは相手の持ち物や身に着けている物なんかの、本人の周りの「モノ」を褒める。2番目はその人の仕事のやり方や部活動や発言なんかの「行動」を褒める。
長女　へぇー、そんな風にするんだ。
次女　じゃ3番目はなんなの？
父　逆に聞くけど、なんだと思う？
長女　1番目にモノがきてその次は行動でしょ。そしたら次はその人自身でしょ？
次女　なんで先に言うの！　それ私が今言おうと思ってたのにぃ！
父　正解だね！　3番目はその通りで、その人自身のことだ。考え方だとか優しさや勇気とか、その人の内面に宿っていることへのリスペクトを言葉にして褒めるんだ。人はそこが1番うれしいものなんだよ。持っている時計や車や服よりも、会社が大きいとか成績がいいとかよりも、自分の中身を褒められたらうれしいんだよ。これを「自尊心」といって

図3-6

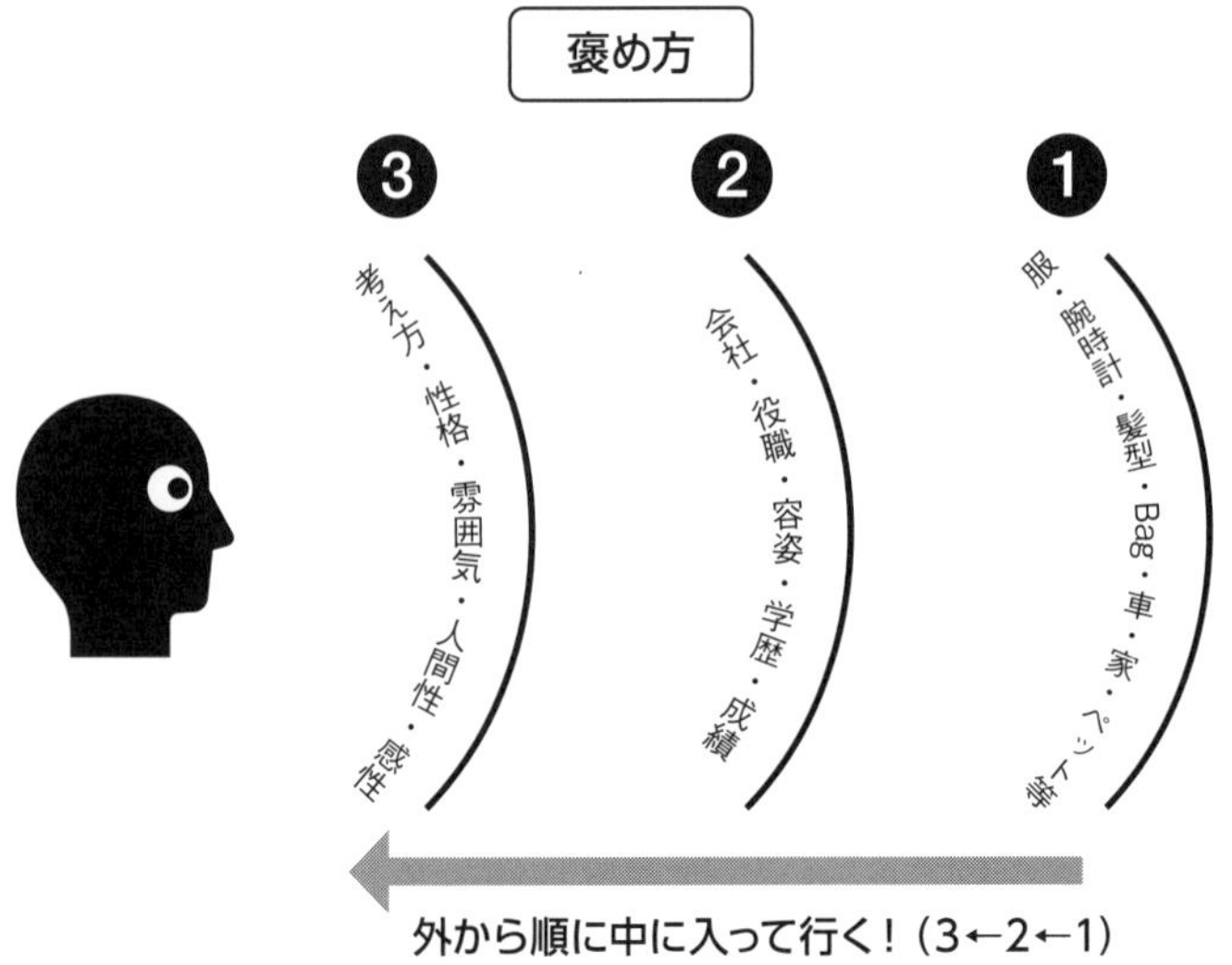

自分の中にあって大切にしているものだから、その価値は消えないし褒められればさらに高まるだろうね。でもいきなり相手のことも知らないのに最初に言ったら変だろう？

次女　そうだね、「私のことも知らないのになんで？」ってなっちゃう。

長女　何か相手の魂胆があるんじゃないかと、私も疑うかな。

父　そう、だからこういう順番なんだよ。でもこれは計画的な話だから、本当にその人を褒めたいなら計画せずに素直にほめたらいいよ。

ひと言　**褒め方には3段階ある**

私は仕事上多くの人と関係を持ってきました。若い頃は血気盛んでもあったので、意見のぶつかり合いやツッパリ合うことも多くありました。が、起業した頃から小さいことで意地を張るのはかっこ悪いと考えるようになり、前に「自分ができないことをできる人に憧れる」と述べましたが、そのことを思い出しました。その後、嫌な取引先、嫌な同業者、嫌な友達・社員のいいところを見つけると、掛け値なしに褒めました。

どうしてそんなことができたの、凄いね！
どういう判断でそうしたの、素晴らしいね！
よくその仕事を１人で終わらせたな！
たいしたもんだねぇ！
思っていた以上にあなたは頭がいい、失礼しました
俺はそんなことはできないのによくやったね！

このように、その人物への先入観を捨てて、その１つの案件のことだけを評価して、いやらしくない程度に褒めました。そこは何度もそうしていると慣れてきて自分では特技になっていったと思います。結果は良いことだけでした。ですが「反対意見の時はきちんと反対だけど、褒めてもくれる」「正直な正論を言う人」と言われた時は大変うれしく思いました。

父　無駄な時間や争いを避けて有意義な時間を過ごすことによって人生を価値あるものにする。計画するということは、このことに対してとても便利なことを分かってくれたらうれしいな。こういう考え方をロジックな思考といい、物事を論理的に、筋道を立てて考えることを言うんだ。その逆はエモーショナルな思考、またはエモーショナルな人という。要は感情的、気分的な人と言われ、感情が優先する幼稚な人と見られる。赤ちゃんは嫌なことは泣き叫ぶよね、そこから社会性が身について大人になっていく。年齢相応にそうなっていないと周りの人から、幼稚と言われるんだ。

長女　（次女に向かって）あんた幼稚だよ！（笑）。

次女　お姉ちゃんこそ先に生まれただけじゃん！（怒・笑）。

ひと言　**ロジックは大人、エモーショナルは子供**

計画の細分化と法則

父　ここまで話したんだからこれも教えていかないとな。計画を立てる時にパパが編み出した法則を教えるよ。

長女　また法則だー（笑）。

次女　そんな法則があるの？
父　計画を立てるということは、最初に「目的」があるよね、それを自分が思っている結果に導きたい！　そういうことだよね？
長女　もちろん、その通りだよ。
父　その計画が思い通りに進んだらいいけど、そうはならなかった時はどうする？
長女　前の時と同じで、計画を変えるしかないじゃん。
次女　それ以外に何かあるの？
父　それはその通りだ。パパだって当然計画を変更して、そして再度実行する。まあ普通はこれを繰り返すのだけど、実はパパの計画の立て方はちょっと違うんだ。最初に、次の3つは最低限事前に予想しておくんだ。

1　最高の予想の結果の計画
2　通常の予想の範疇の計画
3　最低の予想の結果の計画

次女　これが法則なの？　もっとすごいの期待してた。
長女　これはちょっと、普通じゃん！
父　最初に、と言ったよね。ここからなんだ。今の1、2、3の間にさらに細かく分けて計画を作るんだよ。1に対してさらに「最高」「普通」「最低」を作る。そうやっていくと、計画が9個できるよね。要するにプランA、B、C、D、E、F、G、H、Iまでの9個だ。ここまで細分化しておけば、もし計画がずれたとしてもより細かく修正できるだろう。まあ学校ではここまで必要ないかもしれないけど、会社で複雑なプロジェクトに携わってあらゆるプラスとマイナス要素を予測して計画する時なんかには、便利なんだ。あらかじめ細かいところまで計画してあるから、後で修正して考える時間の必要が無い。だから早いんだ。そしてスタッフや相手先に、その計画した紙をチラ見せするんだ。ここ大事だからね！　そうしたら彼らは「えっ、そんな細かいところまで計算しているんですか！」といって驚く。そしてこれなら大丈夫そうだと感じてより協力的になる、というわけだ。分かった？

長女　そんなに沢山分けるの？　それにそれは演技なの？

次女　パパそれみんなにやっているの？　凄いね。でもチラ見せが気になる。

父　仕事ができる人は、同じことをやっている人が多いかもね。実はパパの法則は「細かく分ける」こともそうなんだけど、実は「チラ見せ」も重要なんだ。パパの場合、外見とイメージは脳みそまで筋肉のごり押しの突破型で、多分「この人大丈夫？」って思われている感じなんだろうけど、「実はそんな細かいところまで考えていたんだ！」というギャップを強調する法則なんだよー、ははは～。会議でそれを誰も気づいてくれなかった時やその機会が無かった時なんかはわざと見えるように資料を落としてみたり、間違ったふり

図3−7

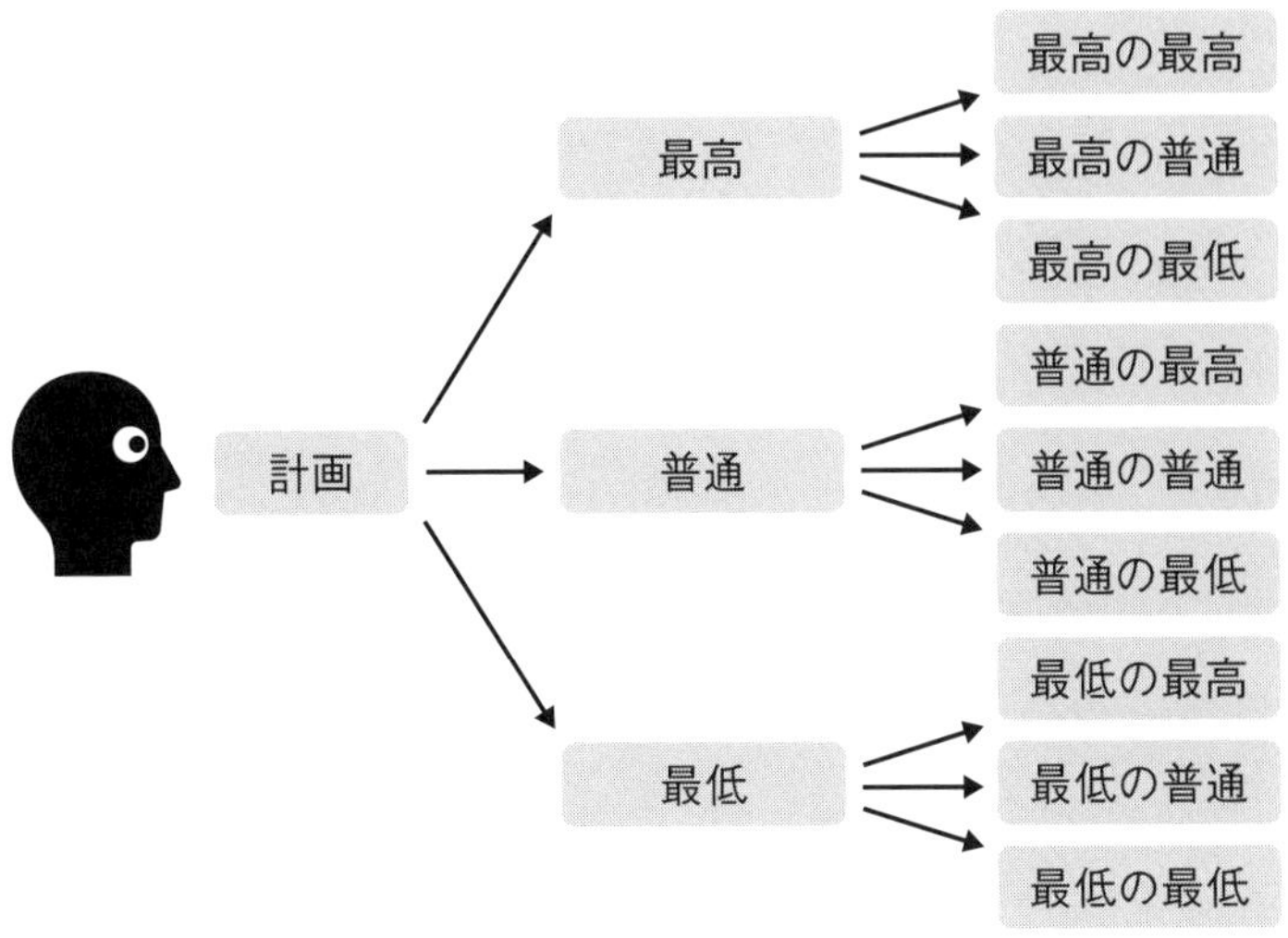

をして渡してみたりして…。相手の予想を、いい意味で裏切ろうとする。これがパパの法則なんだ。でも同じ相手だと最初の1回しか使えない。会社だと「社長、またですか?」と切り捨てられるから、もう使えない(笑)。

長女　それさぁ、法則なの? お芝居じゃないの?

次女　コントみたいで面白いね。今度やってみよう。

父　このギャップというものは、人の心理に大きく影響するんだ。ちょうどいい例がある。パパの会社で、とても女性にモテる人がいるんだ。「なんでそんなにモテるんだ?」って聞いたらその彼が、「社長そんなの簡単ですよ! 合コンとか飲み屋さんに最初に行った時に無表情で無反応で不愛想にするんです」って言って。で、時間が経ってもう一度会ったり、もしくはその次にお店に行った時には少し笑ったり愛想良くすると、すごく好印象なんだってさ。

次女　そうなの？　なんか嫌だなー、私は。そんなの無視するし。

父　お前まだ中1だろ？　そんなの分かるの？

長女　パパさぁ、中学生なんて「恋バナ」すごいんだよ、知らないの？

父　なんだそれ、何のバナナだ？

長女　恋愛話のこと！

父　あー、そのことね、分かったよ。でもさ、逆だったらどうだ？　最初はすごく愛想よくて笑顔もあったのに、次回から愛想が悪く反応も悪かったら？

長女　それは、その人の本性が嫌な感じの人だと思うんだろうな。

次女　そんなんだったら二度と話さないし、顔も見ないー。

父　でしょう？　同じ人でも印象が全く違うよね。だから計画して、後から意外性をもって上昇した方が印象は良くなるというテクニックだよ。ただし注意点は、初対面は人生でたった1回しかない。1回きりだし、2回目は初対面ではない。何度も会うならその後の上昇作戦ができるけど、次会う機会が無ければ一生「嫌な奴」で終わる可能性があるんだ。恋愛だったらまだいいけど。仕事の場合はそうすると次に繋がらない可能性があるから、やっぱりパパは誰に対しても同じテンションと愛想で接しようとしている。だからあのやり方をしていいのは、やっぱり男女の駆け引きをする時だけじゃないかな。
長女　（次女に向かって）あんた今度それやってみたらいいじゃん（笑）。
次女　もうやってる～。
父　マジか！

ひと言　**ギャップはその人を強く印象付ける**
ひと言　**初対面は人生で1回しかない**

アメリカの高校生はどんなことを学んでいる？

計画をする人としない人に分かれた場合、大きく差が開くだろうというのには異論はないと思います。たまたま強く思ったことを実現したいがために計画を知った人はいいにしても、お金と同じように計画は学問ではありません。ですから基本概念がありません。欧米（全部ではないでしょうが）では、小さい頃からロジックに考え計画することを、授業で行っているようです。しかも、楽しみを交えて。

娘2人が成人した後に私も人生をリスタートしまして、幼稚園からアメリカで育った義理の息子ができました。とても仲がいいです。彼の話はいつも新鮮な気付きがあり学ぶことも多いので、いつも会うのを楽しみにしています。その彼が、日本でいうところの小学5年生の時に受けた授業のことを聞きました。

まず6人ごとの班に分かれて、「1年後にレストランをオープンしよう」とする授業があったそうです。各班それぞれ、イタリアンや中華といった提供する料理を決めます。ここまではいいとして、その後に驚きました。

▼建物の面積、許認可は何が必要か、その店内の模型の作成（段ボール）
▼店やユニフォームのデザインの作成とその費用
▼キッチン機材、店内機材、装飾、看板、チラシ、食材、食器などの全ての原価計算（インターネット調査と現地のお店に出向いて聞き取り調査）
▼各人件費の計算と人を雇う法律
▼開店に必要な資金と運営する費用、銀行金利
▼それに伴う売り上げ予想と回収期間
▼これらを1年かけて調べ、最後の発表時に保護者を呼んで実際に食べるメニューの提供

これを10歳前後で行っていたというのです。まさに〝お金〟と〝計画〟ですね。この差が今の日本と世界の差ではないのかと思います。

もう1つ彼からショッキングな事を聞きました。これも「お金と計画の話」なのでしょうが、紹介します。彼が通っていた高校で3Dプリンターが導入された時に、それを使って地域の障害を持った方向けに義手を作成したそうです。そのことがきっかけで、少年少女を対象にした世界規模のロボット競技会「ファーストロボティックス」の予選出場が叶い、さらにそこでも勝ち抜いて見事世界大会に出場することになりました。世界ではいろいろなロボットの大会があるらしいですが、この大会には当時日本からは名門高校から集められたエリートチームが何年も挑戦しているにもかかわらず、まだ予選を通過できなかった頃でした。

その大会はその決勝出場条件の中に、次のように書かれていたそうです。

大会に出場するチーム全員の旅費交通費は全額自力で賄うこと
大口のドネーション（寄付）の禁止
学校及び家族親戚からの寄付禁止

要するに、チームメンバー10名で小口の寄付を集め、100万円以上の資金の自力調達が出場条件だということです。日本では絶対にない条件ですね。そこで彼らはフライヤー（チラシ）を作り、地元企業や地域住民への説明と小口ドネーションへの理解、休日の洗車（アメリカでよくある光景）などを地道に行い、予算を達成し世界大会に出場しました。さすがにクッキーを焼いて家々を回って売る、レモネードを家の前で売る、といったことは小学生の領域らしくプライド的にやらなかったそうです（笑）。

話はこれで終わりません。その決勝大会では、NASA、キャタピラー社、ボーイング社、マイクロソフト社、フェイスブック社（当時）などのITおよびハイテク機器メーカーのスカウトたちが勢ぞろいして、参加高校生のスカウト合戦をしていたそうです。スカウトされた学生は世界的な有名大学に奨学金をもらって推薦を受けて入学し、その企業へ日本の課長並みの待遇で入社します。単にロボット大会だと思っていたのですが、話を聞くにつれ、学生の人生が決まっていく大イベントでもあることが分かってきました。当然スカウトはそのチーム全員ではなく個人単位で行われるので、チーム内での個人競争もあります。悲しいことですが、同年代の日本の高校生が例えば「プレゼンテーションとは？」というような授業を受けている時に、です。

これは、わずか10年くらい前の話です。この話を聞いて「これは完敗だ！　アメリカは遥か彼方先を行ってるな」と思いました。それから10年経った今振り返ると、過去最高益と言われるアメリカと失われた30年の下りエスカレーターの途中にいる日本の差が、あの時にはすでに決まっていたんだと感じます。企業利益の先読みを人材と定め、大学生ではなく高校生を対象にして〝計画〟して〝実行〟していたのです。アメリカでは企業戦争が高校生にまで及んでいる時に、日本は何をしていたんでしょうか？　そう思わざるを得ません。前章でも書いた長年の染み付いた忖度が、変えなければならない変革を阻害し、自分への指摘を極度に避け続け、崩れ落ちるまでその事実をあえて見ずにきたツケなのでしょうか。国全体が高度成長の記憶を持ったまま、自己利益の追求に奔走して怠けていたのでしょうか。若者も居心地の良いぬるま湯から這い出て、リスクを取ってリターンを得る勝負する勇気も風潮も忘れてしまったのでしょうか。私は若者に言いたい。今の日本ではライバルが少ないから勝負に勝つチャンスが多いんだよ、今がチャンスなんだぞ、と。

すみません。話が脱線し、つい熱くなってしまいました。

ひと言　**失われた30年には明確な理由がある！**

ひと言　**ライバルが少ないから、勝つ可能性が高い！**

日本の学校は、学問を学ぶところです。社会に出たら現実的に必要になる処世術は、一体どこで学ぶのでしょうか？　これまでは人生の師と呼ぶ出会いを学校で得ることもあったと思いますが、今となってはその姿も稀でしょう。そのためその「学び」は、学校ではなく家庭で行わなければならないのです。それは分かっているけどどうやったらいいのか分からない、というのは当然です。ご両親ともにそんなことは教えられてはいないから、当然方法なども分かりません。生きていくだけで精いっぱい、忙しくて余裕もなかなか作れない、となるとそんなことは考えもしないと思います。私の場合は経営の経験と特殊な状況の中から考えて実行して得たものです。全部ではなくても一部だけでも、この本を参考にしていただければ幸いです。

言語の違いによって生まれる計画の差

父　アメリカの学校の話をしたよね。あんなこと小学生の時点からやっているなんてことを聞くと、計画だけじゃなくて新しいことはアメリカが先に始めて、日本はそれを見習って遅れて真似する、みたいな風に感じない？　ＩＴ関係でもそうでしょ。
長女　うん、なんかそう思う。なんでなんだろうね？
次女　日本人は英語しゃべっているだけで、「すごーい！」ってなっちゃうもんね。
父　これはまたパパの持論ね。文法ってあるじゃない？　その差もあるのかなと思っている。
長女　そんなの関係あるの？
父　あると思うよ、例えば「私はリンゴを食べ〇〇〇」と言おうとする時、日本語では次のようになる。

食べ**たい**
食べ**ようかな**
食べ**ない**
食べ**てみようかな**

父　こんな風に、意思を示す動詞が後にくるじゃない。これが英語だと次のようになる。

私は食べる、リンゴを
私は食べようかな、リンゴを

父　こういう風に、意思を示す動詞を先に言うでしょう?

次女　そうだね、でこれが何の関係があるの?

父　日本人同士だと、会話の途中に相手の顔色や雰囲気で内容を最後に変えたり、言い回しを複雑にしたりして阿吽の呼吸でやり取りができるけど、外国人にはその日本語独特の表現は分からないよね。英語の文法だと、最初から意思を示して言い切りから始まるので分かりやすい。計画のように、ロジックに論理的に物事を進めるのは、英語を日常的に話す英語圏の国の方が強みがあると思っているんだ。彼らはそれが普通なんだから。パパの会社でも会議で発言しないくせに、後からああだこうだ言う人が本当に多いんだよ。これじゃ会議の意味が無いと思わない？　大手でも同じだよ。まあそんなことが昔から今も日本国内で行われているから、「変われない日本」なんだと思う。でも会社も馬鹿ではないから、成長している外資の企業を真似て必ずいい方向に変わっていく。だからそれを知っているお前たちは、チャンスなんだよ。問題解決に相手がいる場合には忖度が必要な時もあるけど、全く必要のない時には正々堂々と正しい意見を言うべきなんだ。その際、言い返された時の切り返しを沢山計画しておく、が計画の正しい使い方になるよね。会議で意見の言い合いを「ディベート」って言うけど、相手を論破できる人が「仕事ができる」と言われるんだよ。そして注意しなければならないのが、相手を黙らせるんじゃなく納得させるということなんだ。

次女　ただ気が強いだけじゃ駄目だね。

長女　じゃあ、あんた駄目じゃん（笑）。嘘だよ！　はははー。

父　（長女に向かって）お前もからかってばかりじゃなくて、妹に納得してもらうように説明しなきゃな。

次女　あーー、言われてるー（笑）。

図 3-8

文法の違いの計画

どちらが良いか悪いかでは無い

A　日本語の文法 →
しゃべる順番

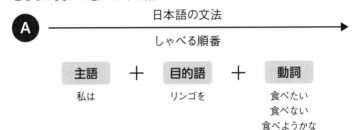

主語 ＋ 目的語 ＋ 動詞
私は　リンゴを　食べたい
食べない
食べようかな

※話している途中で雰囲気を感じて意思を変えられる

B　(日本語と)逆の文法 →
しゃべる順番

主語 ＋ 動詞 ＋ 目的語
私は　食べたい
食べない
食べようかな
リンゴを

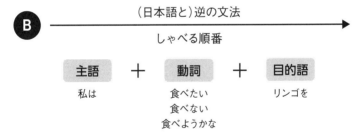

最初から意思を伝える
無意識に計画を立てやすいのはどっち?

B　計画　最初にGOALを決める ＝ □ ＋ □ ＋ □ ＋ □

A　計画　□ ＋ □ ＋ □ ＋ □ ＝ 結果がGOALでは無い

長女が進学先を決めた時の話

中高生にとっての人生の大きな〝選択〟といえば、やはり進学の話です。ここからは、長女が進学先を決めた時の話を紹介します。長女が中学2年生だった時に、2人でテレビを見ていた時のことでした。

父　面白そうな番組が始まったので、一緒に見ようよ。
長女　いいよ、何の番組？
父　世界の「スーパー職業」を紹介する番組で、今回はお医者さんみたいだな。
長女　ふ～ん、面白いのかなぁ。

番組が始まりました。特集されていたのは、日本の脳腫瘍の先生でした。特殊な鉗子《かんし》を使って手術をされている方で、当時世界でもその先生1人しかできない技術だということでした。脳の下や裏側にできた腫瘍をも摘出できる手術で、その先生は世界中から届くオファーをこなすために年間360日も働いていました。空港に到着しタラップに降りた途端に迎えが来て病院に直行するような日々で、何年もその先生を待っている患者さんたちの手術をこなしているのですが、その番組では手術の様子を国内の医学部の学生に中継していました。手術後、患者さんのご家族が廊下で涙を流し感謝して先生を拝んでいる映像が流れました。貧しい身なりから想像するに恐らくなけなしのお金を差し出したであろうその手をそっと包んで優しく返すその姿を見て、私も長女も涙しました。そしてまた次の国に移動して同じことをされていました。私たちはひと言も会話をせずに見入っていました。

父　見たか？　この人、本当にすごい先生だな。

長女　すご―い、すご―い！　こんな先生、本当にいるんだね。

私はかねてから娘たちはどんな職業に就くのだろう、と漠然と考えていました。私の子供の頃を振り返った時に思い浮かぶのは、父親の働く姿と耐え忍び続ける母親の絵。時代は違えど相変わらず男社会（だった？）の日本では、まだまだ女性は稼ぎ（お金）を担っている男性によっていいも悪いも人生ごと揺さぶられると考えていました。自分の人生は自分で進んでいくべきなのに、人に左右される立場なのは多分に社会的に弱い女性や子供だと。経済を自由にできるには、職業が必要です。そのことはかねてから子供にはもっと強烈な言葉で伝えていましたが、残念ながらその言葉はここでは紹介できません。

父　お前は何の仕事がしたいか、決まっているのか？

長女　まだイメージが湧かないんだ。

父　この先生を見ただろう？

少しの間沈黙が流れた後、続けました。

父　この先生は困っている人たちの命を助け、沢山の人に感謝され続け、社会的立場もあり沢山のお金ももらえてさらに「宇宙幸せ銀行」に沢山感謝という預金をして「徳」を積んでいる。こんな先生になって人を助けるために、医者を目指してみたらどうだ？

長女は無言のままです。

父　人を助けるだけじゃなく、自分の人生を自分で切り開いていけるぞ。医師の資格は家族にではなく、お前自身に与えられるものだ。ましてや医者になれたら困っている人を助けてあげられるだけじゃなく、それなりにお金にも困らないし、社会的立場もある。素晴らしい職業じゃないか。幸いなことに日本では、勉強ができて医学部にさえ入れればほぼ医者になれる。高校の数年間の勉強を頑張るだけでその後の長い自分の人生を自由にできるなんてなんて簡単なんだ、と思わないか？

ひと言　**宇宙幸せ銀行に貯金する**

長女はしばらく黙って考えていましたが、急に次のように話しました。

長女　その通りだね、パパ！　私なんか興奮してきた。なんかやる気出てきた！　頑張ってみる！（ガッツポーズ）

この突然のテレビ番組で、長女の将来の目標が決まりました。そして予備校などのお金がかからないように自分で調べて、医学部を目指すコースがある他県の私立高校を自分で探してきてそこを受験し、進学していきました。中学2年生の頃までの成績は中の下くらいでした。通っていたのも中高一貫の女子校で、全く進学校ではありません。担任の先生からは推薦状などは出ないとも言われました。が目標が決まったおかげでしょう、その日を境に工夫して自発的に勉強するようになり、そのまま医者になるまで突き進んでいきました。私はその間、一度も「勉強しろ」などとは言いませんでした。私はただきっかけを作っただけです。勝手に突き進んだと言いましたが、もちろんほったらかしではなく、色々な話をしていました。

ひと言　**親は子供の将来へのきっかけとなる選択肢を作ることができる**

父　頑張れよ。ただし、２つ条件がある。

長女　条件って何？

父　１つは、名声やお金に捕らわれないで正しい医療をして人を助ける医者を目指すこと、そして偉そうにしないこと。パパはお金と名声に目がくらんだ偉そうな残念な友人を何人か知っているから、心配なんだ。

長女　そんな人もいるんだね、分かったよ。でもう1つは？

父　医者の家系じゃない家から医者になるのは難しいと聞いたことがあるが、その通りだと思う。医者になるには、学力とお金の両方がそろわないとなれない。学力が足らないのは自分のせいだから仕方がないけど、お金はパパの役目だ。もちろん今まで通り頑張るけど、どうしても仕方がない時もある。その時はパパを恨むなよ。

長女　分かったよ、その時は恨まないから大丈夫。でも頑張ってね！

人生の目標を決めるきっかけを手助けしたとはいえ、私はその後医学部の学費（インターネットで調べてもらえると分かると思います）というさらなるプレッシャーと戦うこととなりました（苦笑）。結果は1浪こそしましたが、奨学金も含めて何とか入学（入金）できたのですが、その入学書類の中に、驚く金額がすでに記入されている寄付金用紙が同封されていて驚きました。この金額の寄付をしないと入学できないのかどうかを恐る恐る学校に電話して聞きました。寄付だから必須ではないと言われましたが、無視するには勇気が要りました。後々分かった話ですが、仮に親がその医学部出身の医者で自分の子女が受験して合格した場合は、どうやらその寄付は必須だったようです。私はその分、得した気分でした（笑）。

計画の次にあるものは？

父　こうやって計画することが大切なのは、さっき言ったように自分の人生を自分らしく生きていくということが〝幸せ〟や〝幸福〟につながるというのが根本にあるからだよ。じゃあその〝幸せ〟ってなあに？　ということが最終的な話のゴールになるのかなと思っていい。お金や計画は自分らしく生きるための道具と言ったよね？　じゃあそのお金を得るには社会の仕組みを知った上で、そうなるための道しるべが必要になると思う。それが計画だ。そうしたら最後に目指すのが「全ては幸せ、幸福のために！」だと言ったけど、次はその「幸せとは何か？」という話をしようかな。

カマタニメソッド

計画とは

- 計画の必要性
- 計画のある人ない人・実行する人しない人

計画の種類

- 決定と選択の違い
- 計画の大小・重要度の色々

自分(先生)の場合

- 自身の過去の体験を話すことで興味・話題が身近になる
- 傾向と失敗の数々で笑いと反省を伝える

計画の実際

- 計画は道具として扱う・使っているうちに上手になる(細分化等)
- 人間関係の計画の色々・実際の話等(褒め方等)
- 人生の計画を一緒に考えてみる

計画の立て方

- 過去の具体的な出来事の反省を利用した計画の振り返り
- 今の具体的な出来事の計画
- 将来の具体的な計画の仮作成

「あの時、医者になる選択肢を示してもらえていなかったら…」

長女

　私にとって10代の頃の大きな人生の選択だったと言えるのは、やはり医学部受験を決めた時だったと思います。ただ父とテレビを見ていた時も、医者になろうなんて毛頭思っていなかったので最初は「医者かあ」って感じではありました。勉強すること自体は結構好きで、その中でも理系の科目は特に好きだったので、将来的には理系の学部に進めればいいなぐらいしか思ってなかったんですよね。でも父と話をする中で、「医者もいいんじゃないか」っていう選択肢をもらえて。医学部といえば、理系のトップです。トップを目指しておけば、もし医者になれなくても、別の理系の学部で何かしらの大学には進めるので、進路の選択肢が広がるっていう意味でも今から医学部を目指しておくのはいいことかなって思うようになりました。

　私は特に病気がちということもありませんでしたので、小さい頃に医者によくかかってましたとか、親族が入院してその時のお医者さんに憧れてみたいな、よくあるそういう素敵な動機は全然なくて、ただその理系のトップとしての医学部を目指してみてもいいんじゃないかっていう気持ちにさせてもらえたのは、私の人生にとっていいことだったと思います。

　もちろん最初の動機はそれだけじゃなくて、この本の中でも父が言っているような、これからの女性はしっかり自分で仕事をもって、1人でも生きて行けるような経済力が必要だという話が私にとってしっくりきたのも大きかったです。

そうなると、次に考えなければならなかったのが、進路の話です。当時私は中学生だったのですが、中高一貫の女子校に通っていました。普通にいけばそのままその高校に進学するところだったのですが、医学部を目指すなら、もっと周りのレベルが高い高校に行く必要があると思ったのと、個人的に新しい環境に飛び出したいという気持ちもあったのとで、県外の進学校を選びました。自宅から通える範囲に医学部を目指せる進学校もあったのですが、父が少年工科学校で寮生活を送っていた話を小さい頃から聞いていたので、寮生活に対する憧れのようなものがあり、父も高校生の時に家を出ているのなら、私も同じ年齢の時に家を出てみようかなと思ったのも大きかったですね。それなら、きっと反対しないだろうとも思いましたしね（笑）。父には受験する高校を決めた後に、事後報告しました。特に自分の進路は自分1人で悩んで決めろ、というような教えがあったわけではありません。決めてから言えばいいやって気持ちでした。結果的に昔の父と同じ行動をしていたわけですね（笑）。

ただ、こういう考え方ができたのは、父の教えがあったからだと思っています。第三章の中でもあるように、「想像通りにうまくいった場合以外に、想像以上にうまくいった場合や想像よりうまくいかなかった場合にも備えて計画を立てておかないといけない。ちゃんとそこまで計画しておかないと、もし失敗した時にあたふたしてしまうし、そうなると負けてしまう。だからいろんなパターン、手札を用意しておけ」と常々教えられていました。その考え方が基本にあるから、医学部を受験して医者になることを目指すと決めたときに、ちゃんとそのために何をすればいいかということを逆算して、万が一医学部受験に失敗した時にも備えて、自分の進路を決められたのだと思っています。ただ、私は高校卒業時には薬学部や歯学部も一緒に受験するということはせず、医学部一本で受験して医者になると固く心に決めていたので、結局は「うまくいかなかった場合」の計画を使うことはなかったんですけどね。その後、1浪することにはなりましたが無事医学部にも合格し、今は大学病院で勤務医をしています。

もしあの時父と一緒にテレビを見て医者になるという選択肢を示してもらえていなかったとしたら、またその後自分自身でも本気になって医学部受験のために進学先を決めるという計画を立てなかったとしたら、多分どこかその時の学力でも入れる大学や短大に入って、なんとなく就職して仕事をして、今とは全く違った人生を送っていたでしょうね。

今私は結婚して2児の母になり、子育てをしながら病院に勤務する生活を送っています。そういう状況になって強く感じるのは、働く女性は自分自身のことだけではなく、家族や子供のこと、主人のこと、自分の仕事のことということように4本くらいの大きな柱があって、それら全てがいい具合にマッチングしていなければ全部が崩れていってしまうということです。そこを立ち行かなくなることなく、全部をうまく進めていくために必要なのは計画力だと感じています。その計画を立てる力というものは、小さい頃から父に話を聞き、家庭の中で受けた教育の中で養われてきたものだと今になって思います。

ただ、その家庭の中での対話、家庭での教育というものは、これまで家庭内で会話がなかった人たちがいきなり「じゃあ今日から家族会議を開きましょう」となっても、うまくはできないんじゃないかと思います。親から言っても子供は聞く耳を持たないと思いますし、逆に子供から言っても親は「今更かしこまっちゃってどうしたの」となってしまうかもしれませんし。だから、父が言うような家庭での教育を行う前に、ちゃんと家族で対話できる姿勢を習慣づけておくことが実は大切ですよね。私も親になって、そのことを強く感じています。家族全員で顔を合わせてって時間は確かに大切なんですが、もし最初からうまくいかないようでしたら、例えばパパは息子だけを連れ出して男同士の話をするとか、ママは娘と女性だけで話をするとかって時間を作るところから始めるといいのかもしれませんね。

第四章

幸せの定義

幸せの心理を分解する

幸せの定義と言っても、私の薄い知識と僅かな経験だけで、壮大で大げさな人生論を語るわけではありません。ここで話すのは中学生の娘が考えるであろう、また理解するであろう定義であって、当然20代・30代・40代の各年代によって大きく変わっていきます。60歳を迎える私の幸せの定義は、10年前の50歳の時とは明らかに違います。また私より大先輩の方々から見れば、私の話などは「まだそんなところか」などと言われるかもしれません。各年代に記された先輩方の著書等も、大いに参考にさせていただいております。

父　ここからは、パパが勝手に思っている〝幸せ〟の話をするよ。ところで2人は幸せになりたい？

次女　パパ、何言ってんの！　当たり前じゃん。思わない人なんかいないよ。

長女　同感、同感！

父　そりゃそうだよね。ちょっと質問が大雑把すぎたし、このテーマは壮大で、「人類」とか「人間として」とか「人生とは！」なんかと同じようにスケールの大きな話だから、当然ひと言では言えないよね。その時の年齢や性別でも違うし、当然置かれた環境でも違ってくるからね。じゃあ「満足」と「幸せ」の違いについては、どう思う？

長女　満足と幸せ？　んー…。似ているようで違うかな？

次女　そんなの簡単じゃん！　満足すれば幸せなんだよ！
父　おおー、さすが次女！　随分ズバッと来たね。シンプルにその通りだね（笑）。そう、不満と満足、不幸と幸せ、あとは不安と安心とか逆の言葉が色々あるけど、それを使うと分かりやすいぞ。他にもいろいろある。書き出すと次のようになるんだ。

Ⓐ　不安　苦痛　不満　不幸　不自由　焦り
Ⓑ　安心　安らぎ　満足　幸せ　自由　余裕

父　こうやってみると、誰もがAの状態からBの状態に行きたいよね、当然パパもそうしてきたし、今もそうしている。この1つ1つの内容を深く深ーく掘り下げると話は永遠に続いてしまうから、少し簡単にしないといけないね。
長女　なんか話が長くなりそうだから、お願い！　簡単にして！
次女　お姉ちゃん、何言ってんの！　大事な話なんだから、よく聞かないとダメだよー。
長女　あんたさぁー…。

当時40歳そこそこの自分が人類の永遠のテーマである「幸せとは？」を口にするのはおこがましいと思いましたが、家庭内での話なのでよしと割り切りました。また、子供たちに話をすることで自分自身の考え方の整理をすることにも役立ったと思います。当時最悪だった会社の状況と母親不在の家庭環境（今でいうワンオペ）の不安を解消すべく、早朝から深夜まで孤軍奮闘していた記憶があります。いつになったらこの不安が解消されるんだろう、会社がもし倒産したら、家が無くなったら、学校も転校させてしまったら、もし子供たちが不良にでもなったら、グレてしまったら、などと山積みの不安と共に日々を過ごしていました。前述の「チームカマタニ」や後述する「自分1人では解決しない問題については悩まない」という言葉は、その時の私が心から絞り出して考えた言葉だったのだと思います。

父　じゃあ、今から細かく分解して説明するからね。

Ａ　不安　苦痛　不満　不幸　不自由　焦り
←
喧嘩した友達がいてまだ仲直りしていない
ニキビがひどい
自分だけの部屋が無い
希望の学校に進学できるか分からない
経済的理由で進路が希望と違う
乗っている自転車がおんぼろすぎて重い

両親が喧嘩ばかりしていて仲が悪い
家庭にお父さん（お母さん）がいない
身長が低くて太っている
欲しい服が買えない
いじめにあっている

Ⓑ

安心　安らぎ　満足　幸せ　自由　余裕
↑
喧嘩した友達と仲直りした（行動、心）
石鹸を変えたらニキビが消えた（経済、行動、知識、心）
自分の部屋ができた（経済、心）
希望の学校に進学できた（計画・行動、心）
希望の進路ではないが前に進んでいる（計画、容認）
新しい自転車を買ってもらった（経済、心）
両親が喧嘩を始めたら場所を変えて見ないようにする（計画）
お父さん（お母さん）と頑張って生活する（容認、計画・行動）
今の身長を受け入れて痩せるようにする（容認、計画、心）
アルバイトをしてお金を稼ぐ（経済、計画・行動）

大人（第三者）の力を借りて方法を探す（計画・行動）

父　Aの問題がBの状態になるように解決していくためには何がポイントかということが分かりやすいように書いてみた。カッコで括って傍線を引いてあるのが、解決するにあたって必要なポイントだ。

経済
知識
計画・行動
容認
心

父　このように、５つあるよね。

図 4－1

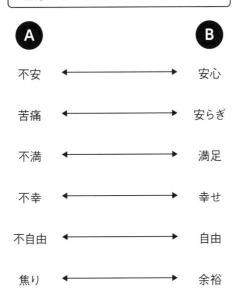

自分の心の中はどっちかになっている

A		B
不安	↔	安心
苦痛	↔	安らぎ
不満	↔	満足
不幸	↔	幸せ
不自由	↔	自由
焦り	↔	余裕

AからBに行くには次の5つが必要

- 経済（お金）
- 計画・行動（決める・動く）
- 心（こころ）
- 知識（勉強）
- 容認（受け入れる）

父　前に説明した「お金の話」は経済にあたる。「知識」は勉強とか経験のことだけど、まあそれらを一括りにすると「知識」という言葉になるね。「計画・行動」は、前に計画の立て方の話をしたよね。そして、新しくここに「容認」という言葉が追加される。

長女　どういうこと？

父　悩んでも自分で解決できないことは悩まない、と前に話したと思うけど、それがここでは「容認」、すなわち「受け入れる」ということになるんだ。考えても解決しないことに時間と心を使わないということだ。

さらに続けます。

父　昔から「足りるを知る」という言葉がある。これは言い換えると、次のようになるんだ。

まあこれでいいか
これで十分
仕方ない
しょうがない

父　こんな言葉だね。一生懸命に頑張った結果、上手くいかなかった時や自分の力が及ばないような出来事の時に、この「容認」はとても重要になるんだよ。過度に長時間思い悩むと心も消耗してしまって削り取られるからね。そしてそれが行き過ぎると鬱になったりノイローゼになったりするんだ。体力と同じように精神にも受け入れる限界があって、それを超えると病気になってしまうんだよ。
長女　体力じゃなくて心も疲れるなんてあるんだね。
父　そう、若い時はあまりないかもだけどね。パパが「チームカマタニ」として2人を大人として扱うといったけど、その時の「力ずくで笑う」もそれに関係するかな。
次女　そうそう、あれは最初何言ってるのか分からなかった。
長女　ほんとそうだよ！（笑）。

シングルファーザーになり家族3人だけの環境になった時にとっさに思い付いた、「明日から名前を変えるぞ！」と言って「チームカマタニ」と名付けたことは、ぼーっとしている人の目の前に手を「パン！」と叩いて正気に戻し注意をひきつけるようなことだったと思います。その時に決めた我が家の合言葉に、「力ずくで笑う」というのもありました。「悲しい時、泣きたい時に泣くのは子供と同じじゃないか、大人は泣いてはいけない時には歯を食いしばって笑うんだよ！　そうしているうちにその行為自体が馬鹿らしくて本当に笑ってしまうんだよ」と。娘たちは「へぇー」と言って聞いていましたが、当然そんなことはありません。大人でも泣きたい時は泣きます。ただ悲しさに押しつぶされていたら負けてしまいます。それを押し返すきっかけを「力ずくで笑う」としていました。

これは実際に我が家で起きた、悲しい出来事です。

「今日だけはみんなで泣こう！　でも明日からは笑っていくんだ！」

このように3人で涙と鼻水を流しながら歯をガチガチさせて、明日のために力ずくで笑おうとしたことがありました。お互い見たことがない引きつった変な顔を見て、それがおかしくて本当に笑い出しました。強く記憶に残っています。

話がそれましたが、これは「容認」よりも「開き直り術」ですかね。万が一似たような出来事に直面した場合は、ぜひ試してみてください。「力ずくで笑う」のは、なかなか難しいかもしれませんが（笑）。

ひと言　力ずくで笑う！

父　最近の現代病といわれる精神的な病が増えたのは、インターネットが発達したことによる影響も大きいね。情報過多、要するに自分で処理できないニュースや興味あることの情報、出所の分からない噂やデマなどが自分の頭の中をパンクさせてしまうんだ。昔はテレビと新聞くらいからしか情報を得られなかったからね。昔はよく「活字に飢える」なんて言ったんだけど、知らないだろう？

長女　何それ？

次女　意味わかんな〜い！

父　文字通り活字に飢えてるんだよ。何か読みたくて、知りたくて、何でもいいから情報が欲しい！　という時代があったんだよ。それに比べると今は逆で明らかに多すぎるよね。

長女　（次女に向かって）ところであんたさぁ、お風呂に入って1時間も携帯電話をいじってるのやめてくんない？

父　そうだそうだ！　汗だくで帰ってきてもお風呂に入れないから、乾いて「塩塩」になっちゃってるよ。パパのこと可哀そうだと思わないの？　それに、お湯に濡れたら携帯電話が駄目になるぞ。

次女　へへへ〜、ビニール袋に入れてるからそんなの大丈夫。

長女　そういう問題じゃないんだけどさぁ〜…。質問に答えてないじゃん。

次女　ふん（窓の方を向いて鼻くそをほじり出す）。

父　その話はまた今度、ゆっくりしよう。さっきの話をつづけるけど、情報過多でもおかしくならない人も中にはいるんだよ。以前に言った情報を取捨選択できて管理できる人、あとはね、何となく適当な人や開き直れる人は得してそうはならないよ。そういう人は「面倒くさいしいいや」って感じで、ある意味自分自身を守っているとも言える。そして最後の「心」は、人の内面のこと。この話はまだしていなかったから、今から話そうと思うけど、ここまではどう？

次女　なんか数学みたいで変な感じ！　これはこうしてあれはこうする、みたいな…。そんな簡単にいかないと思う。

長女　パパや大人の人はみんな、こうやって考えて問題解決をしているの？

マインドマップを使って問題を客観視する

父　こんなこと、意識してはほとんど誰もやっていないよ（笑）。ほとんどの人はこれまでの経験で何となく判断しているからここまでは深く考えないし、こんなに分解して説明することもないと思うよ。これはねぇ、パパが今まで悩んできて1人で解決しなけりゃならなかったことがあったんだけど、あまりにも問題が多すぎて、またその問題1つ1つが人生を狂わすほど大きすぎて頭の中がパンクしそうになった時に、ここにたどり着いたんだ。大きな問題を1個で考えるのではなく、細かく分解すると何かが見えてくるようになるんだよ。特にシステムエンジニアの友人から教えてもらった「マインドマップ」は参考になったよ。正に心の地図帳だね。これは少し計画の話とも共通するんだけど、効率的に物事を考えて解決するために心の中の考えていることを図にするという方法は、目からうろこだったよ。なるほど、こんな方法を使って自分を客観的に見てるんだなって思った。

長女　あんたさぁ、目についていているうろこが剝がれるんじゃないからね（笑）。

次女　それ知っているよ、この前習ったもん。それよりお姉ちゃんの目やにが気になる！

図４－２

マインド・マップ（心の地図帳）

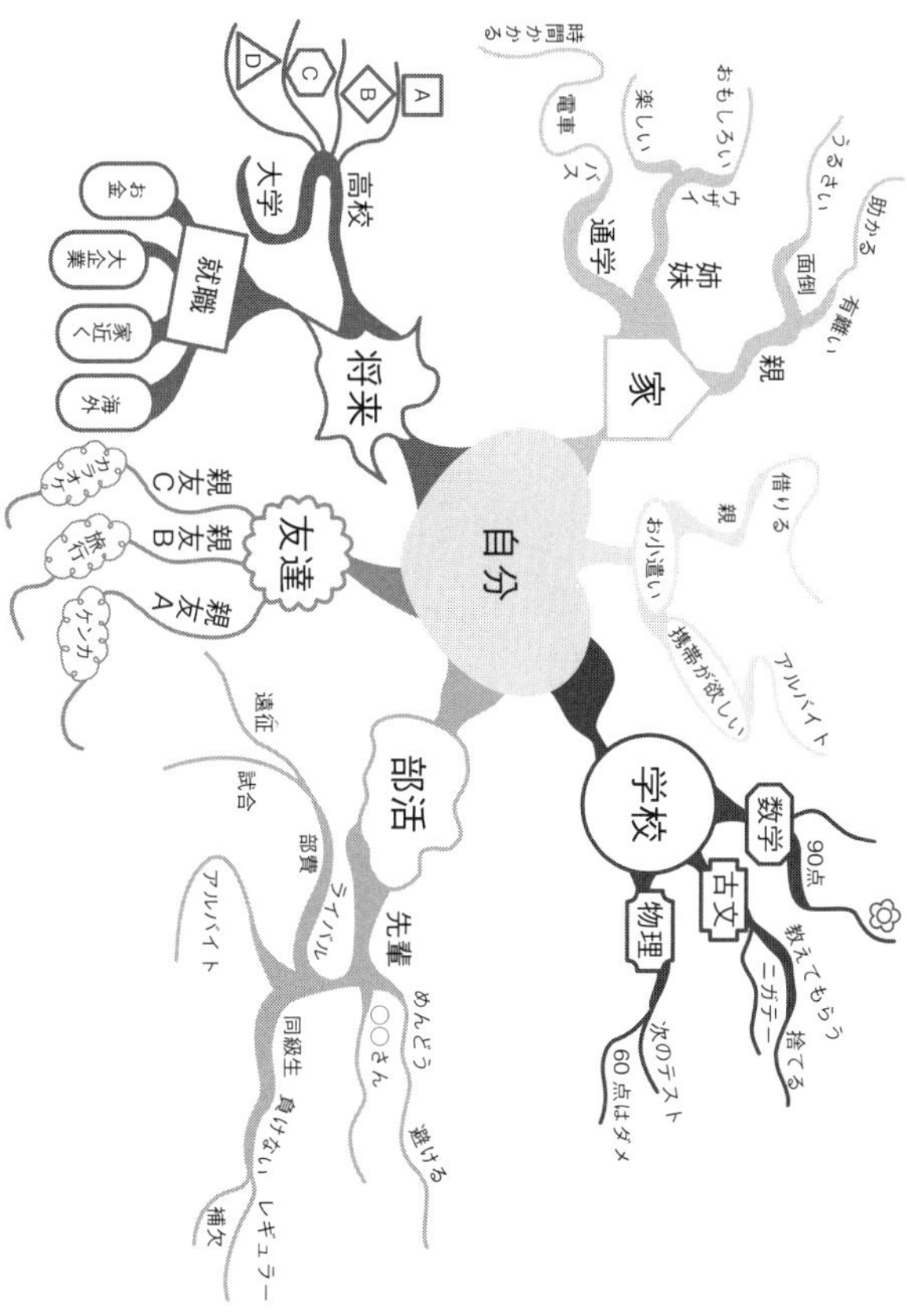

友人に教えてもらった「マインドマップ」とは、このようなものです。

このマインドマップには、本当に助けられました。努めて物事を論理的に考えようとしていたつもりが日々の喧騒でもみ消され、目の前の足下のことしか見えなくなってしまって、目先のことの解決しかできなくなっていました。全ての問題は頭の中にきちんと存在して決して消えることはなく自分でしか解決できないことは理解しているのですが、手を付けられるのは足下のどうでもいいことばかり。期限がある問題はまだいい方です。期限が近づくにつれてプレッシャーを感じて余裕がなくなっていきますが、締め切りが決まっているので自分自身を追い込めます。厄介なのは、期限が決まっていなくて解決が面倒な問題です。

期限が決まっている問題は自分が受動的にさせられている場合が多く、やらされている感があります。それに対して期限のない厄介な問題の解決は、能動的に自分自身から仕掛けないといけません。その差は大きいのです。仕掛ける行為そのものへの抵抗感や拒否感、面倒くささがあり、それらが邪魔をします。

そんな中でも、この方法を知り、自分なりに咀嚼し、全ての問題を書き込んで解決の順番を詳細に決めた上でそれに従って行動していくと、様々なことが好転していきました。自身で仕掛けないとならない問題を、マインドマップ上で枝分かれした最後の枝分かれした部分を客観的に見てそれに従って行動するだけ、つまり能動的に行動しなければならないことを受動的だと脳に勘違いさせるようにしたのです。

その沢山の実体験が、この本の内容にも繋がっています。マインドマップを使ってみることを、読者の方々にもお勧めします。マインドマップは西洋から入ってきたツールです。細部まで分析して論理的に考える西洋的な思考が、ここでは大変役に立ちました。一方で、その逆の多方面や裏から物事を見る東洋的な思考は我々日本人にはなじみ深い考え方です。こちらも改めて参考になり、西洋的・東洋的いずれの思考法も知っていることは、私の自信にもつながりました。

ひと言　**西洋的思想と東洋的思想がある**

父　ここで今、とある問題解決をすれば不安や不満から解放されて、安心や満足を得て幸せになるとしよう。これまではお金との付き合い方とか計画することとかのような問題解決のための方法を話してきたけど、ここからは今まで話してこなかった「心」の話をするよ。さっき話した、問題解決のための5つのポイントの最後だね。

何かと比較しての幸せ、比較しない幸せ

父　AさんとBさんの2人がいたとして、ある同じ結果についての感じ方は、次のように異なることがある。

Aさん　うれしい
Bさん　うれしくない

父　出てきた結果は全く同じなのに、受け入れる側は正反対の気分だ。これはAさんとBさんいずれかの考え方や感じ方が間違っているわけではなく、どちらも正しい。数学のように答えが1つしかない問題だと、正解と不正解に分かれるので簡単だ。だけど、気分や感情、常識やマナーなどその人の内面にしかないものが関係した時には、話が急に複雑になる。では、AさんとBさんが同じ場所に引越しをしたとしよう。その時の感じ方も、次のように異なる。

Aさん　最高にうれしい
Bさん　最悪だ

父　どうしてこうなるかは、それまでAさんBさんが過ごしてきた前の状況が影響する。要するに、比べるものの差になる。Aさんは小さいアパートからのグレードアップで、Bさんは大きな一軒家からのグレードダウンだとしたら、こういう差になって現れる。では、アルバイトの時給が800円から1000円になったとしよう。うれしいよね？

長女・次女　そう、うれしいよ。

父　では同じ時期に入ったアルバイトの人が、同じような仕事をしているのにその人の時給は1200円になったとしよう。それを知ったらどう思う？

長女　なんで差があるの、って思う。

次女　おんなじ！　なんで、なんで？　ってなる。

父　そうなるよね、なんで違うのかって。つまりは納得したいという欲求と、納得できないという不満が生まれるわけだ。ついさっきまで時給が上がってうれしかったのに、他の人の時給を聞いた瞬間にうれしくなくなった、ってことだよね。自分の時給が上がって良くなったことには変わりないのにもかかわらず、だ。ではもう1つ例を挙げてみよう。

　大雨が降って近所一帯が浸水して住めなくなった
　我が家は少し高台だったので浸水はしなかったが、停電はしているし水も出ないので住めない

父　これだとどう？

次女　住めなくて大変だけど、まだ浸水しなかったからよかった。

長女　同じように思うよ、どちらも住めなくなったのは大変だけど、近所の人はその後が大変だと思う。うちはそれに比べたら幸いだよね。

父　そう思うのが一般的だよね。何が言いたいかというと、自分が「うれしい」とか「満

足」とか「不安」「安心」を感じることは、次のことから生まれるんだ。

何かと比べて満足か不満足か、不安か安心か

父　「何か」というのは以前の自分の環境だったり、他人との比較だったりする。人は絶えず何かと比較したがるんだ。仮に2頭の動物がいたとして、エサをあげる方とあげない方に分けたとする。動物を見下したら悪いけど、犬や猫だって不満が出て怒るよね。高等動物の人間だったらなおさらだよね。それに毎年歳を取っていくということは、経験と記憶が積み重なっていくということだから、納得できることとできないことは年々だんだんと増えて複雑になっていくんだ。

父　では次の質問だ。一生懸命に勉強して駄目で元々という気分で受験し、実力以上の学校に合格したとしよう。これはどう思う?

長女・次女　単純に超うれしい!

父　そうだよね。では、マラソン大会でグループ競争があって、足の遅い自分はグループの足を引っ張らないようにみんなに手伝ってもらい練習をしていたとする。その結果、グループは負けてしまったけれど、自分は自己ベストの記録で走ることができて仲間からも祝福された。これについては?

長女　自己ベストで走れたのはうれしいよね。

図 4−3

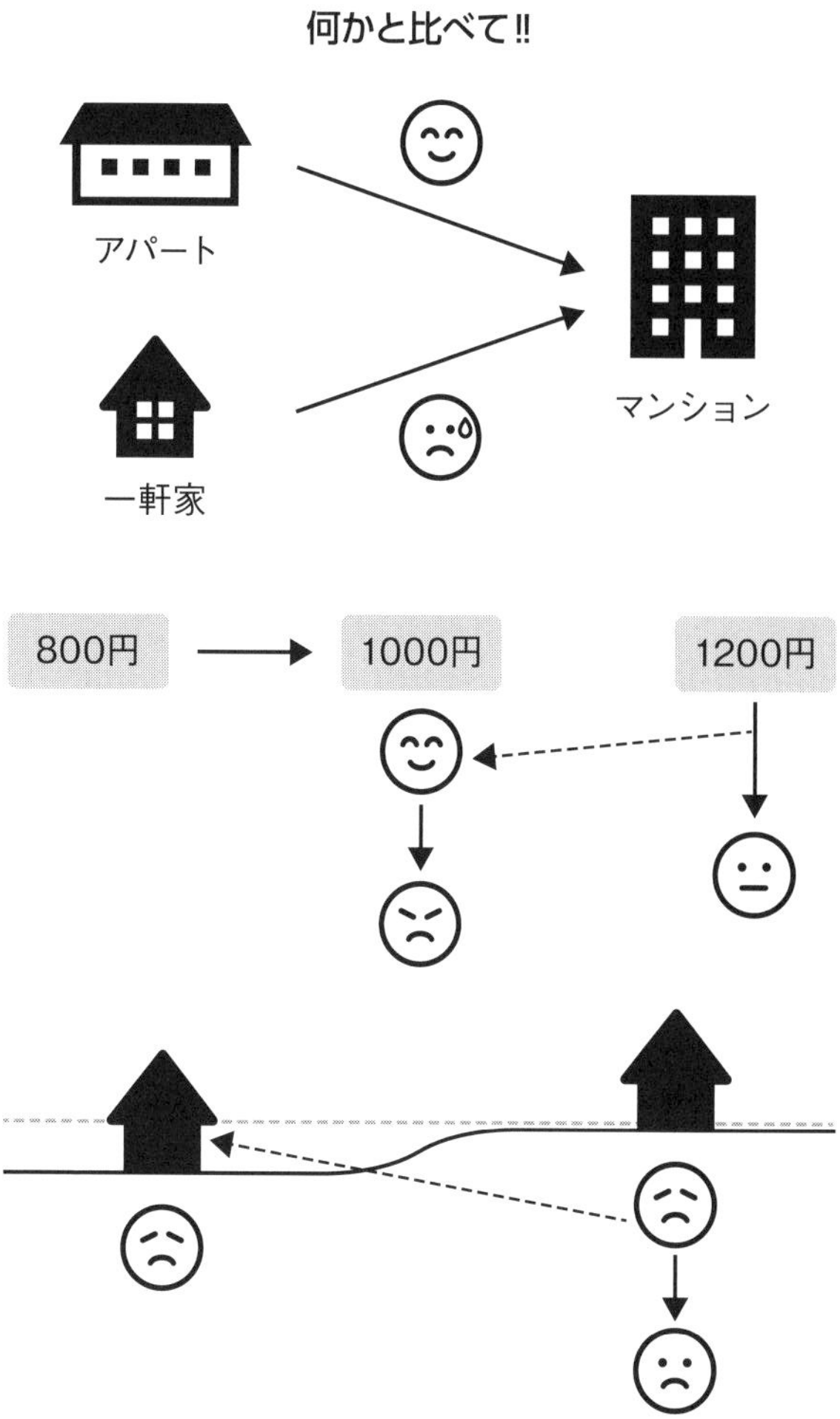

次女　それに友達からも喜ばれたのなら最高じゃん！

父　でもグループの中では遅い方なんだよ？

長女　それは、みんながその人の足が遅いのを分かっていて、それでも一生懸命に練習をして速くなったからうれしいんだよ。過去の自分と比べての話だよ。

次女　一生懸命にやっている姿がいいんだよね。

父　その通りだよな。他の人と比べているんじゃなくて、過去の自分と比べて成長したから満足しているんだよね。努力の成果としての達成感。これはコントロールできない他人との比較じゃなくて自分の内面での話だから、他人からは邪魔されない幸せにつながる。よくパパが言っている、「できないことができるようになる」という幸せだよ。あとは「仲間に認められた」という幸せは本当にうれしいよね。

父　ここで比較という話が出たのでついでに言っておくが、お前たちはこの横浜で生まれて物心ついた時からの記憶と生活レベルの経験がある。パパは能登の山奥の田舎で生まれそこでの生活レベルの経験がある。場所も時代も違うので当然に生活レベルは大きく差がある。比べると今の方が圧倒的に快適に楽になっている。お前たちは当時のパパの生活レベルの話を聞いてはいるが、経験していない。パパは自分の母親や祖父母の生活を聞いているが、それは相当に貧しく寒くひもじい生活だったと思うけど経験していない。もし自分の経済に何かあった時は、経験していないところまでに生活レベルが下がる可能性がある。にわかに生活レベルが高くなった人は、特にそうなる可能性がある。それは人にとって本当に恐怖に感じるものなんだ。折角手に入れたものを手放す恐怖だ。だからそうはならないように皆節約と貯金を心掛けているんだ。よく言われるのが、「一度生活レベルを上げたらもう下げられないよね！」という話だけど、これは間違いなんだ。

次女　なんで？

長女　なに、間違いって。

父　頑張って収入を増やして今まで以上の生活レベルになったのは、希望が叶って嬉しいよね。でもそれは経済が主体で生活レベルはその次の結果の話だから、下げられないというのは単なる希望に過ぎない。会社や社員でも経済が予定通りにいかずにお金が無ければ、下げざるを得ないでしょ。だからいつでも初心を忘れず、自分が知る最低レベルの記憶を残しておかないとダメなんだ。そうすることで今のレベルアップした生活に感謝するようになるんだ。身の回りの小さいことでも心が満たされるようになったら、うれしいと思わないか？　逆に上だけを見ていたら満足することも感謝も減っていくよ。人生の一大事の時だけありがたみを感謝するのではなく、日ごろから感謝を身に付けておくことが大切なんだ。これも、ある意味心の計画になるかな。

さらに続けました。

父　話がそれるけど男性はね、女性のこういうところを注意深く見ているもんなんだぞ。

図4-4

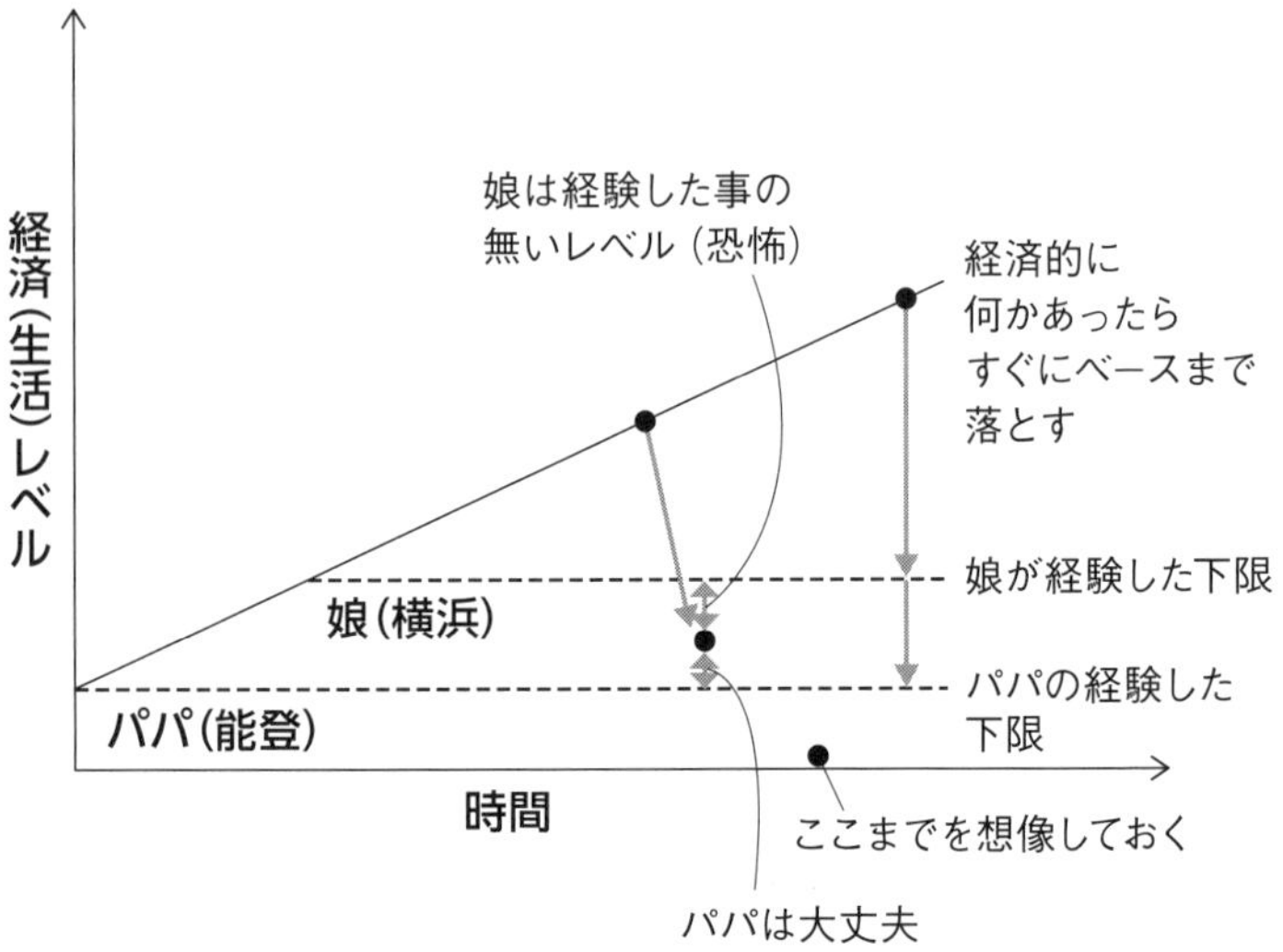

物欲にまみれて高いものしか感謝しない人かそうでないか！　演技が上手な人もいるから騙される男もいっぱいいいて、こういう女性は男性のなかでは要注意人物なんだ。逆に小さいことに感謝を忘れない女性は永遠にモテるよ。

長女　そうかぁー、なるほどね！

次女　これからなんにでも感謝する〜。

人が感じる幸せは6段階

1〜3　経済的満足層

父　ここから、大事なことを話す。多分核心的なことだよ。まず、図（次ページの図4－5）を見てみて。

ここで見せた図は、私が「幸せ表」と呼んでいる図です。昔読んだ本にあったのですが、心理学者のアブラハム・マズロー氏が提唱した人間の欲求には「生理的欲求」「安全欲求」「社会的欲求」「承認欲求」「自己実現欲求」という5つの階層があるという法則を、私なりにかみ砕いて再解釈したものです。

父　経済的な満足や幸せは、3段目の「経済」で解決できるよね。競争社会でお金を稼ぐことはもちろん大変で、ある一定以上の段階になると努力や実力以上に運も必要になる。けれど別の言い方をすればお金さえあれば解決できるということになるから、全体で見たら比較的簡単なんだ。「物欲が心を満たす」とも言えるね。それだけを聞くと、「『モノ』『金』さえ手に入ればいいや！」というような、ちょっと嫌味な言葉に聞こえるかもしれない。でもお金で解決できることは本当に沢山あるから、それで十分だと思う人も多いと

図 4－5

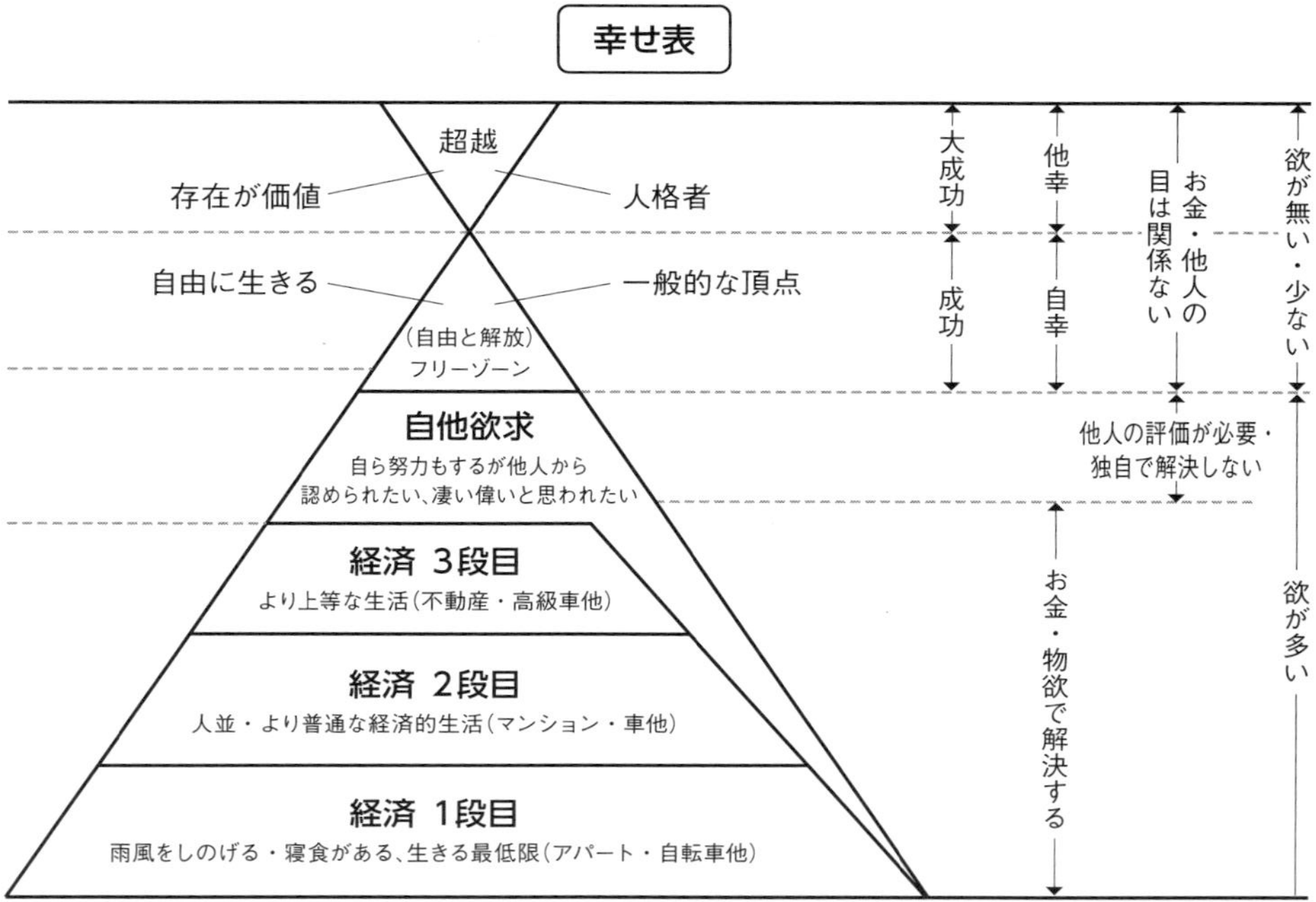
幸せ表
超越
存在が価値
人格者
自由に生きる
一般的な頂点
（自由と解放）
フリーゾーン
自他欲求
自ら努力もするが他人から
認められたい、凄い偉いと思われたい
経済 3段目
より上等な生活（不動産・高級車他）
経済 2段目
人並・より普通な経済的生活（マンション・車他）
経済 1段目
雨風をしのげる・寝食がある、生きる最低限（アパート・自転車他）
大成功
成功
他幸
自幸
お金・他人の目は関係ない
他人の評価が必要・独自で解決しない
お金・物欲で解決する
欲が無い・少ない
欲が多い

思う。「世の中の問題のほとんどはお金で解決できる！」なんてことまで言う人もいるし、実はパパも少し同感している部分もある。欲しいものが手に入る幸せ、それによってもたらされる満足や快適、維持できることでの安心などは、お金で解決できる問題だよね。時間が決まっている人生の中で経験できる幸せの数は一番多いかもね。そのための経済的に成功するための本や情報は沢山あるし、ある意味塾なんかもその一部になるね。勉強していい大学に入って、そして安定した企業に就職する、大人になっても学び直しや資格を取ってスキルを伸ばすことも最初の段にある経済的満足を目指すためのものでもあるし。

長女　そしたら、それで十分じゃないの？

次女　そうだよ、欲しいもの全部買えるんでしょう？

父　その通りだよ。この「幸せ表」からはみ出している人もいないわけでもないけど、ほとんどの人はこの表の段分けで説明できると思う。で、中にはお金で手に入る幸せだけでは満足できなくなる人もいるんだ。そうなった人は、さらに欲しくなるものがある。

長女　この表にあるやつだね。

次女　何これ？　意味分かんなーい！

4　自他欲求層

父　それが、この表の4段目にある「自他欲求」だ。これは社会や他人から素晴らしい人と思われたい、注目を浴びたい、すごいと言われたい、人気者になりたい、だから自分も努力する、と思っている人の層になる。つまり、自分自身で達成できる3段目までの「経済的満足」を得た人が、その次に向かう先が4段目ということになるね。努力してきて経済的に上手くいった人は基本的には努力家でもあるから、「これでいいや」と満足して終わりとはなりにくく、さらに何かを求め続ける人が多いんだ。

次女　そうなんだ。お金だけじゃ満足できないんだね。

父　でもこれは、3段目までで得られる経済的な達成に加え、他人からの評価も得なければならないのでさらに大変なんだ。でもこの4段目の層にいる人は、残念な話も多いんだ。それも言っておかないとな。

長女・次女　どんな話？

父　パパの友人の何人かはすごくお金持ちで、年齢も同じくらい。車は自分で運転なんかせず、いつも運転手付きだ。もちろんその車も豪華で、持っているものも高価なものばかり。で、その友人たちとの会話には、ある特徴があるんだ。それは、いつも話を被せてくるということなんだよ。被せてくるというのは、例えば「この前行った蕎麦屋がおいしかった」という話をしたとする。そうすると必ず「もっといい店がある」とか「一見さんお断りの、秘密な蕎麦屋を知っている」とかいう話を返してくることだよ。まあ彼らの良い面も一生懸命探せばないことはないけど、大体いつも終始そんな嫌味な感じなんだ。

長女　なんでそんな風に言うの？

父　どうしてそういう会話の組み立てをするかというと、「へぇー、そんなところがあるなら今度教えて！」とか「今度連れて行って」とかいうように、自分に注目が集まるように話を進めたいからなんだ。そういう人たちは皆、自分自身で分かっているんだ。お金を他の人より沢山持っていて、他の人が知らないことを知っている、ということを。だから「俺に振り向いて！」とか「もっと俺を見て！」と考えちゃうんだ。要は、自分自身の価値をお金や地位、経験に置き換えて表現しているんだよ。一事が万事、何に対してもそういう言動をするんだ。いつもそういう態度を取っていると、当然周りの友人は面倒くさがって離れていくよね。でもそんな人は、めげずに新しい人にどんどん近づいて同じような態度を取る。夜は毎晩女の人がいるような飲み屋さんに行って、大騒ぎをする。他人には絶対に奢らない。少しでも自分が得をしようとする。割り勘負けなんて絶対に許せない、というように。いろいろ投資もしているんだけど、少しでも資産が減ると口数は少なくなる、逆に儲かると上機嫌で声も大きくなって、笑顔が多くなる。パパの周りにはそんな人が沢山いるんだけど、彼らは大人になってから急にそうなったわけじゃない。だから、今付き合っている友達の中にも、将来そうなる素養を持っている人はいるんだぞ。

長女　お金のことは分からないけど、話の組み立て方は、学校でももしかしたら似ている人がいるかもしれない。

次女　いるいる、そんな人。でも大人になっても、そういう人はそのままなの？

父　そんな人は、大人になったらもっとひどくなるんだよ。4段目にいる人たちは、ひと言で言うと「お金との付き合い方」の時にも話した、〝お金に支配されている人〟になる。別名〝お金の奴隷〟ともいうんだ。この人たちの考えを方式で表すと、次のようになる。

お金＝力＝存在価値＝不安解消＋承認強欲

父　他人から「すごい！」って言われることで自分の脳が快感を覚えて「幸せ～」ってなるんだ。残念だけどこのような人の中には、自分に対してはお金を惜しまないけど、他人には極力使わない。正確には他人には使えない、が正解かな。こういう人は大体自信のない人で裏返しの表現なんだけどそういう人とも付き合わなければならない時もある。その時は「計画」の話でも教えたように、付き合い方を計画すればいいんだ。計画しておけば、いざその場面が訪れても適当に流すことができるよ。パパはいつも「おっ、いつものが出てきたな」って感じで、「へぇ～、すごいね！　じゃあ今度教えてよ」とか言うんだけど、するとその人はすごく喜んで上機嫌になるんだ。パパはこういう人たちとは「計画」していた通りに付き合うから、何も問題なし。

図4－6

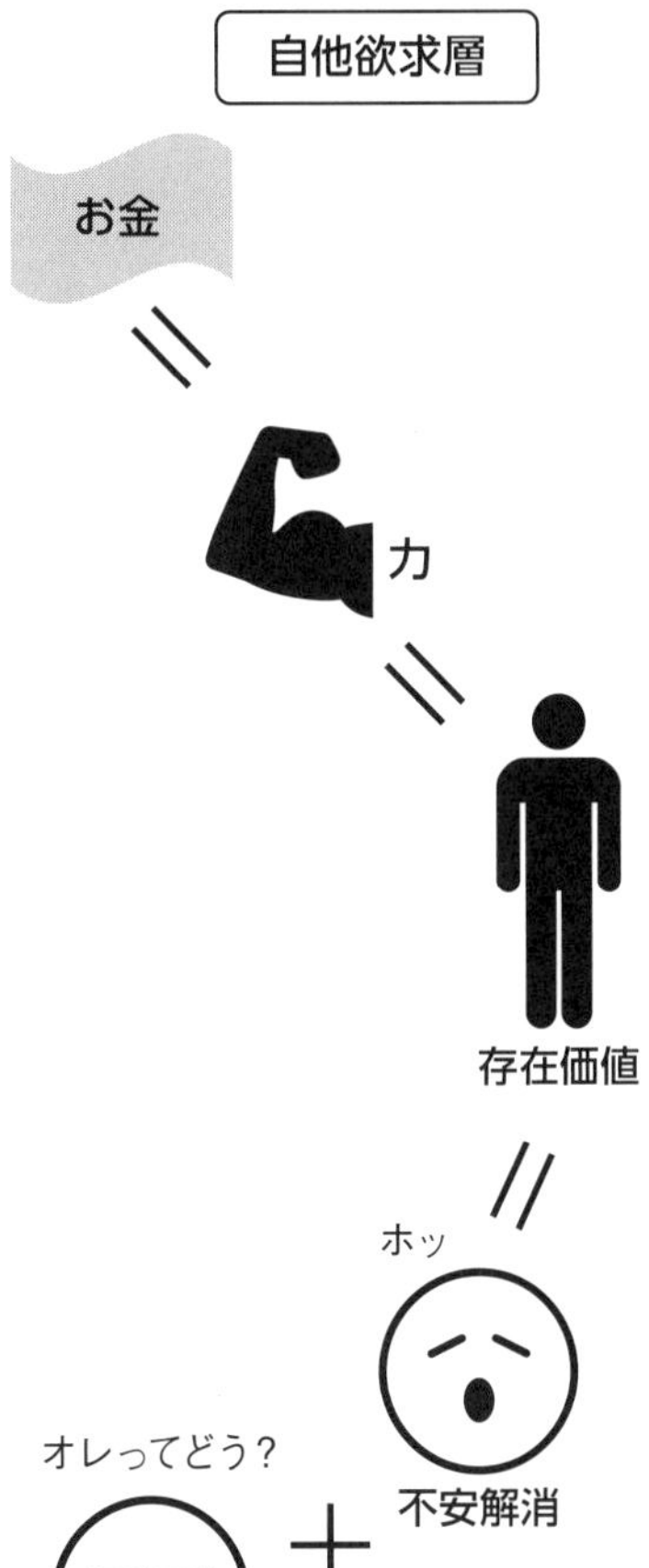

当時は無かったのですが、今はユーチューバーというジャンルの人が市民権を得て人気です。幸せ表で言うと、1～3を飛ばして4段目の承認欲求の塊のような人が多いのですが、中にはアクセス数を増やすためだけに社会的迷惑を顧みず問題を引き起こしているような人もいて、逮捕者まで出ています。「迷惑系ユーチューバー」なんて呼ばれていますね。通常は1から3への段階を上がっていく中で、社会性やマナー、善悪の分別を獲得していきます。一部には芸能人以上とも言えるような人気を持つ人もいて、さらに一攫千金を狙えることもあって、今やユーチューバーは小学生のなりたい職業ランキングで1位に

なることもあるようです。しかし、今もこれからもユーチューバーに対して社会的モラルを教える公的機関はできないでしょう。お子さんがまだ学生であれば、新しいジャンルや職業との付き合い方、向き合い方もやはり家庭内で行うのが一番ではないでしょうか。

お金の教育を受けずに、そしてお金との付き合い方を教えられずにきた我々日本人は、人生の中で偶然出会った経験からのみ、その感覚を学習してきたのだと思います。それは、まるで資本主義経済、つまりお金をめぐる戦争の中に武器を持たずに放り出されたのと同等です。物欲に任せてクレジットカードやローンを利用して物を購入する度に借金が増え、物質的豊かさの誘惑にさらに小さい負けを繰り返し、少しずつその借金は増えていきます。

だけど、多くの人はその事実から目をそらしています。資産となるような比較的大きな買い物をする時になって初めて、自身のB／S（バランスシート、貸借対照表）を意識します。その時点になってようやく、過去の無駄使いを反省します。まさに私もそうでした。会社経営においてはバランスシートを意識することは必須ですが、個人では、特に若い人の中では、意識している人はまずいないでしょう。先ほど挙げた私の友人の例は、お金の意味や付き合い方、本来の利用の仕方を知らずに少し多くのお金を持った人が陥る絵図です。お金は生きるための道具であって、最終目的ではありません。お金だけが目的という生き方をしている人は、終始ケチなお金の使い方をしていると思います。他人にだけケチなのではなく、もしかすると身内にもケチかもしれません。身内にケチな人は、身内からも好かれていないことがほとんどです。そんな場合、亡くなった後も誰からも偲んでもらえず、ケチ故に残していた財産をめぐって身内同士で骨肉の争いが起きてしまうこともあります。歳を取って自身の終わりを迎える時に残された家族が悲しみの涙を流すより、財産をめぐり争う姿は誰もが避けたいと思っているはずですが、残念ながらよくある光景です。

ひと言　**人生は残高勝負ではない、生き方勝負です！**

5　フリーゾーン層

父　これまでは4段目までを見てきたよね。じゃあ、次はその上の5段目を見てみよう。ここが、「フリーゾーン」となる。実はここからが大きく変わるんだ。パパはこの層にまで行きたいと、ずっと思っていた。苦しい時も、と言うか今も苦しいんだけど、それが目標だね。5段目は〝自分らしく生きる人〟だったよね。海外ではよく言われる質問で、「ローンや借金が無くなって経済的に自立したらあなたはどう生きますか？」というのがある。早期リタイアは人生の成功者ともいわれている。世界第2位の経済大国になったことがある日本なのにまだ聞かない質問だね。どういう人かを説明すると、イメージとしては、まあまあ歳を取って退職して経済的な問題にも追われなくなって、ゆったりした時間を過ごし読書や趣味に生きる、人には優しく朗らかで優しい人かな。若い時は仕事や住宅ローンの返済、それに子供の学費の支払いといった経済的な問題に追われているんだけど、ローンの返済も終わり子供が独り立ちしてお金がかからなくなって時間に余裕が持てるようになると、本当にやりたいことができるよね。でももう歳を取っているからできることが限られるよね、だからスポーツが好きなパパは早くここに行きたいんだ、けどまだまだだね。

次女　4段目の人と比べると、何が違うの？

父　4段目と5段目の決定的な差は3つある。1つは時間があること。もう1つは「美学」を持っていること、さらにもう1つは他人の目が入るかどうかの差になる。まず「美学」が何かということについてだけど、色々な説明があるけどパパが思うのは「迷った時に、たとえ自分に不利になったとしても正しい判断をする考え方のこと」だね。このレベルに行った人は我田引水のように自分にばかり甘い判断をしていないから、当然人気もある。更にもう1つについては、4段目では人の主観が必要になるから主導権を一部他人に委ねないとならないんだけど、5段目だと自分で完結できる。その差だよ。何度も言っているように、他人はコントロールできないよね。だけど自分自身の内面の話だから自己完結できる。つまり「自分らしく生きる」ことは、自分に主導権があるんだ。そうは言っても今のお前たちはまだ1段階目にもたどり着いていないから実感はないと思うけど、一応聞いておけよ。

長女　何にも捕らわれないで自由に生きるっていいね。

次女　そうなりたーい。早くお姉ちゃんに文句言われずに自由になりたい！

長女　文句言われるあんたが悪いんでしょ！

父　ははは、今のような小競り合いは多分一生続くから心配しないでいいよ。2人の間で問題が大きくなりそうな時は、以前勉強したコミュニケーションの順番を間違えないようにな。そういう時は、会って話すのが一番いいよ。

長女・次女　分かった！

父　じゃあ話を戻すけど、さらに凄いことにまだ上の6段目があるんだ。5段目と1つしか違わないけど、6段目は想像以上に全く違う世界になる。

ひと言　**フリーゾーンには美学が必要**

6　超越層

父　6段目にいる人の特徴はね、ひと言で言うと「他人の幸せを願って生きる！」ことなんだ。5段目のフリーゾーンの特徴だった「自由に生きる」というのは、主人公は自分のことだよね。でも6段目の主人公は自分以外の第三者で、他人の幸せが自分の幸せと感じるような、ある意味超越した人たちがこの層なんだ。前に次女が言っていた「教祖様になる」は、まさにその信者から見たら超越した人のことだよ。昔から宗教は人にとってなくてはならないものと言われている。宗教は「心の灯台」っていう別名で呼ばれたりもするんだよ。

次女　何それ？

父　例えば、夜になって真っ暗な海を船が航行しているとする。レーダーが無い時代はそんな時、灯台の光を目標に方向を決めたんだ。宗教の教えは人生に迷って心の中が真っ暗になった時に目指す方向を助けてくれるものだから、「心の灯台」という言い方なんだよ。いわば「迷った人の進む方向を照らす灯り」だね。今の日本では無宗教の人も増えてきたけど、自分の信じるものがある人は強いよ。パパの場合は、信じるものはいつも言っている通りことわざや四文字熟語なんだけど。有名な経営者や会社人でも誰でも、超越した人に共通するのはお金に対するモチベーションだけではなく、人の心をつかんで大きなエネルギーに変えて会社や人を発展成長させることができるような経営哲学や人生観を強く持っていて、「人間としての生き方」を諭していることなのかもね。パパのような経営者であっても社員であっても、立場や待遇の条件だけで付き合うのではなく、そこに人間関係や精神的なことも加わって、その人の人生に関わるくらいに大きな影響を及ぼす人のことだな。当然、そんな人は少ないけどね。

長女　まさに今、パパが私たちに教育していることがそうじゃん！

父　おっ、よく分かったね。
次女　でさぁ、パパは今何段目で、どこを目指してるの？
父　今は2段目と3段目をうろうろしていると思うんだけど、多分。でもたまに1段目に落ちる時もある。まだそんな段階にいるんだけど5段目を目指してて、最終的には6段目の「超越者」になりたいなぁ。
次女　ふ～ん、そうなんだ。で、6段目まで行けんの？
長女　何偉そうに上から言ってんのよ！　あんたなんかさぁ、1段目の下に逆に伸びたピラミッドの6段目だよ！
次女　そんなの無いも～ん（笑）。
父　そこまで行けるのかなあ…。ズバッときたなぁ。まあ頑張っても行けないかもしれないけど、目指すのは勝手だからね。ここまでが〝幸せ〟についての大まかな説明だ。

幸せの落とし穴

父　でも、こういうこともある。例えば大きな会社に成長させた社長さんや大企業で出世した部長さんなんかは社員やその家族を経済的に幸せにしていると言えるけど、忙しすぎて自分や家族へのケアができていないかもしれない。早朝から深夜まで働いて、土日にも家庭に仕事を持ち込んで、たまの休みも疲れ果てて寝てばっかり。家族にとってはどっちが幸せだろう？　一流の経営者の中には、メディアにもテレビにも引っ張りだこだったけど自分の人生はそうではなかった、という人も多いんだ。日本では会社を大きくした人や会社で出世した人は成功者、と言われることが多い。でもそれは経済的な物差しで測った場合の話だね。「会社を大きくした人は成功者」と、メディア側が決めてかかっている訳だ。まあ、そういうニュースが人の一番の関心事でもあるからしょうがないかもしれないけど。でも逆に、経済的にはそこそこだったけど家族や友人と楽しく生きている人もいる。趣味が多くて人を楽しませて、話も面白いし料理も上手、歌もダンスもできる、なんていうのも楽しそうじゃない？

長女　そうだね、楽しそう！

父　ところが、だ。じゃあそんな楽しい人だけど、経済的な支えがなく不安な状態で自分らしく生きられるのか？　という疑問もある。

次女　あぁー、それ知ってる！　公園のベンチでバンダナ巻いてギターで歌っている人でしょう？

長女　テレビのコマーシャルに出ていた人ね。確か消費者ローンの宣伝で「将来が不安ですね」ってやつね。上手く伝わってるね。

父　そうだね。あれは面白い宣伝だった。あれは「夢を追いかけているけど、足下も大事でしょう」っていう暗示が記憶に残ったね。パパの話と内容が似ているかもね。十分なお金があるのに友達がいなくて貯金通帳ばかり眺めている人、絶えず人の目を気にしている裕福な人、お金もないが人目も気にならないし友達が多くて幸せな人、お金は少ないけど不幸ではない人など、いろいろなパターンがあると思う。じゃあ2人に質問だ。ここまでの説明を聞いた上で、この表で言うとどんな風になりたいと考える？

長女　まだそんなこと考えたことないかな。でもある程度のお金は必要だろうけど、それに全てを懸けるっていうのもなぁ…。女子だし。でも自分の趣味や楽しいこともいっぱいやりたいし…。んー、難しいな。でも今は勉強してお医者さんになることしか考えてないかなぁ。

次女　私はプロダンサーになって有名になって、お金を稼ぐんだ！　厳しい世界なんだろうけど、負けないで頑張るんだぁー。

性格の違い

父　ははは一、いいね！　2人は同じ家に生まれて、同じような教育を受けて同じ物を見て聞いて食べて今まで育ってきたけど、こんな風に違うだろう。それでいいんだよ。自分の描いている人生の目標をコツコツ計画して実現するのが〝幸せ〟につながるんだよ。描いている絵は、変わっていってもいいんだ。これからいろいろな教育や知識や出会いを積み重ねることによって、目指す目標は最初とは変わっていくし、それが普通だ。逆に変わらないものもある。人は生まれた時から〝性格〟というものを持っている。「持って生まれた」という言い方をするように、〝性格〟はほとんど変わらないんだ。「三つ子の魂百まで」ということわざが、まさにそれだよ。3歳児の時の性格は100歳になっても変わらないということなんだけど、それが〝性格〟だよ。それは自分の内面にしかないもので、他人からとやかく言われることはない。でも、自分自身の性格を理解しておく必要があるんだ。

次女 パパは私のことを「勝ち気できつい」って言うけど、自分では何にも分かんないんだけど？

長女 違うよ、あんたは「きつい」んじゃなくて「超きつい」んだよ。ははは（笑）。

父 パパも3人兄弟の真ん中、次男だ。生まれた時から兄貴がいるんだけど、兄貴ができることが小さいからできない、ということが多かったんだ。悔しいから頑張るんだけど、できない。喧嘩しても負ける。でも一緒に遊ぶ、教えてもらう、そういうことを繰り返していると、自然に向かっていく存在がいてライバル視をして争いながら遊ぶことが普通になっていく。それが男であっても女であっても次男・次女の特徴だと母親に言われたけど、その通りかもね。

長女 じゃあ、長男・長女はどうなの？

父 いろんなきょうだい構成があるから全部は分からないが、一人っ子と複数は違うかもな。弟や妹がいる兄や姉は、小さい時にはさらに小さい、かわいがって守ってあげる存在がいることで、優しさだったり責任感があったりする人が多いんじゃないかな。

長女　やっぱ私が優しいのは、その通りなんだ！
次女　違うよ、私が妹でいてあげたおかげだよ。
長女　いちいちうるさい！　さっきの話に出てきた「話を被せる嫌な奴」だよ、その言い方は。
次女　何それ！
父　喧嘩しないの！　でも、もしかしたらそうかもしれないぞ。（次女に向かって）今の返した言葉は計画したんじゃなくて反射的に出た言葉だったら、もしかしたらその素質があるのかもしれない。それは性格なんだろうから、それを自分で知って理解しておくことが大事なんだ。そうしないと本当に嫌われる、ヤバい奴になっちゃうかもよ。
次女　ヤバいー、それは困るー。

このように、似たような話が話題を変えながら続いていきました。私は話をしながら、着地点を考えていました。テーマが壮大だったのに加え、中学生から高校生の多感な時期の子供だったこともあって結論を決めつけることもしたくなかったので、悩みました。ただ、マナーとしての「人としてこうあるべきだ」という話は、親としての責任と役割として伝えておきたかったのです。この時期はなかなかゆっくりとした時間を取ることが難しかったのですが、思いついたのが経営でもよく利用していた「ことわざ」「四文字熟語」でした。思い悩んでいる時間は苦しいものなんですが、そういう時に解決のヒントをくれるのがこれらだったのです。悩み事と「ことわざ」がマッチした時は、心に刺さります。「ことわざ」や「四文字熟語」には、何百年という年月と当時生きてきた途方もない人々の苦悩と導きが記されています。「昔の人もこんなことを悩んでいたんだなあ」と感慨深く感じていました。経験で必要になった、また様々な書籍を読み漁っていく中でいくつも心に残るものがあり、その中のいくつかを紹介します。

親しき仲にも礼儀あり
立っている者は親でも使え
魚心あれば水心
聞くは一時の恥聞かぬは一生の恥
氏《うじ》より育《そだ》ち
敵に塩を送る
情《なさ》けが仇《あだ》
軒を貸して母屋を取られる
渡る世間に鬼はなし
金の切れ目が縁の切れ目
ナポレオンと馬
老いたる馬は道を忘れず

後生《こうせい》畏《おそ》るべし
窮《きゅう》鼠《そ》猫《ねこ》をかむ
先んずれば人を制す
金持ち喧嘩せず
一挙両得
一粒万倍
一生懸命
初心忘るべからず
粉骨砕身《ふんこつさいしん》
有言実行・不言実行

順不同に思いつくまま並べましたが、こういったことわざや四文字熟語が心の支えになってきました。ついでに、個人的に好きな言葉もご紹介させてください。

静と動
敬意
節度
尊厳

限界突破

いかがでしょうか?

悩みと解決の関係のおさらい

父　もう1つ。思いもよらない予期せぬ問題が起きた時にも、対処するための方法がある。大きさは様々あるけど、人生では問題が次から次に起きる。問題の無い人なんかはいないよ、パパも同じだ。そして問題の種類は2つしかない。計画や容認のところでも話したと思うけど、改めて言うよ。

1　自分の中だけで解決するもの（悩んで解決するもの）
2　自分の中だけでは解決しないもの（悩んでも解決しないもの）

父　1はもう分かるよね、これはほとんどが自分自身についての問題だ。「自分が頑張れば…」「自分が決めれば…」「自分が辞めれば…」と思い悩んでいても、いつか自分自身で結論を決めて行動することで、その問題は解決する。それに対して2は、相手がいることが1と違うところだったよね。自分で長い時間をかけていくら思い悩んでも、相手の都合や意思が関係すると自分だけでは解決できないよね。そういう時に大事なのは、ある程度まで悩んで考えたら、すぐに行動することだ。何かしらのトラブルを抱えた相手と話をする場合、言いにくいことや怒るようなことも言わないとならない時もある。ストレスがたまるし、緊張するよね。でも行動しないと何も進まない。この種類の問題は、放置しておくと解決するどころか必ず大きくなるんだ。だから「計画」の時に話をした方法を利用して、できるだけ早めに解決する。思い悩んでもどうしたらいいか分からない時は、信用できる誰かに相談して自分で決める。

最近では、このような相談に乗ってくれたりアドバイスをくれたりする人を「メンター」と呼んで、ビジネスシーンでは一般的になっています。当時からこの重要性に気付いていた私は、職場で「メンター」について話すことがありました。

父　パパの関係会社に昭和の匂いがする後輩がいて、その彼がパパに相談に来た時に「メンター」の話をしたことがあるんだ。

その後輩が相談の後にやってきた時のやり取りが、傑作でした。

後輩　釜谷先輩、色々教えてくれて本当にありがとうございます。やっぱり「アンター」

って必要ですね。

父　ん？　何、アンター？

後輩　そうです、アンターです。

父　ばかやろう！（笑）。アンターじゃねえよ。メンターだ。

娘たちにもこのやり取りを話しました。

父　どう？　昭和の匂いがするだろ？

長女　あははは～。

次女　きゃははぁ、ウケるー。

ひと言　**アンターよりメンター（笑）**

図 4-7

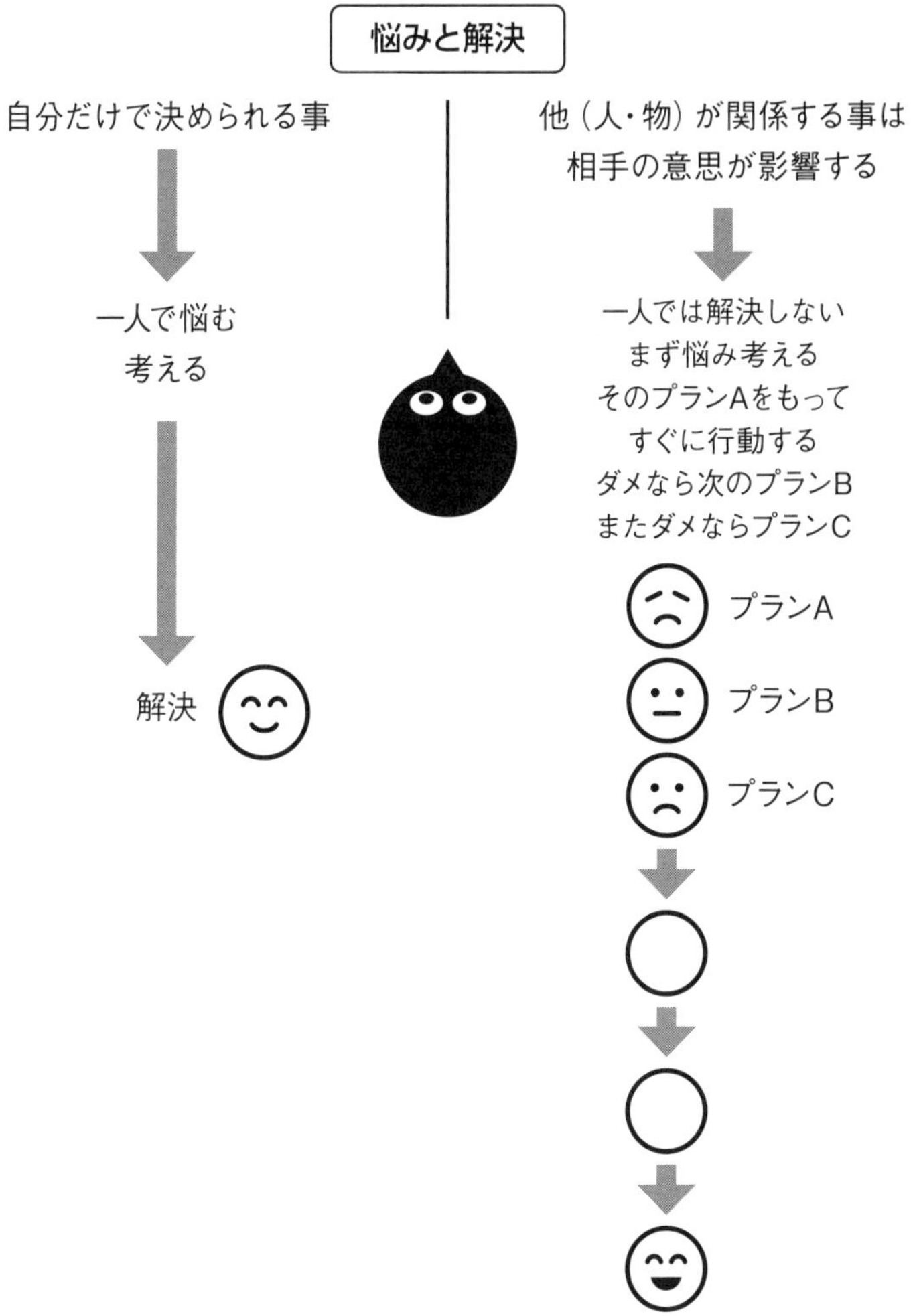
悩みと解決
自分だけで決められる事
一人で悩む
考える
解決
他（人・物）が関係する事は
相手の意思が影響する
一人では解決しない
まず悩み考える
そのプランAをもって
すぐに行動する
ダメなら次のプランB
またダメならプランC
プランA
プランB
プランC

人生を「木」に例える

父　これから人生が進んでいくと、学校生活や友人関係、進学、就職、そして結婚と、次々に新しい問題に直面する。その時には、必ず計画と選択が必要になる。そしてその計画に対しては、経済のことや社会の仕組みを理解した上で、なりたい自分になれるように決断して挑戦することになると思う。で、その挑戦の中には「失敗してもいいもの」と「失敗してはいけないもの」がある。これを「木」に例えるんだ。

長女　えっ、また木に例えるの？　マインドマップも木じゃん！

父　そう、また木だよ。木は色々使えて便利なんだー。木は太い幹とそこから生える枝、その先の葉、そして全体を支える根に分かれる。今回における「木」とは、自分のことだ。自分の性格に能力、意思や度量が根っこで、計画を立てることによって高く上に伸びていこうとすると太い幹ができる。必ずしも真っすぐ伸びていく必要はないけど、変に折れ曲がってしまわないように細かい修正をする必要がある。くの字に曲がっていると、上に伸びていったら折れてしまうかもしれないよね。そして幹から四方に伸びているのが枝だ。枝は自分の経験した数だと思ったらいい。大小沢山のチャレンジをした分だけ、枝の数が増えてにぎやかな木になる。枝の先には葉っぱがある。この葉っぱは、チャレンジした後の結果のことだ。上手くいったことも失敗したことも含めて、経験値という葉っぱが太陽や酸素といったものを吸収し、根っこから吸い上げた水分を加えて上へと伸びて大きな木になっていく。こんなイメージだよ。人生における比較的小さな岐路の選択は枝だ。枝は折れても大したことは無いけど、幹と根っこは大切だ。そこが傷つくと大きなダメージとなる。お前たちも人生の大きな岐路に立つ時が必ず来る。その時に根と幹を守れるように、選択を間違わないようにしなければ駄目なんだ。

次女　それは分かるけどさぁ。その時が大事な岐路なのかどうかなんて、分かんないこともあるんじゃないの？

長女　そうそう、後で気づくんでしょ。

父　その通りだ。パパも「あの時決めたことがまさかこうなるなんて！」というようなことはある。でも悩みもしたし、よくよく考えて相談もして決めた結果が予想に反して良かったことも悪かったこともあるけど、全てを容認して受け入れるしかない。後でその時の判断を後悔しないようなつもりで真剣に考えて、そして後で気付くんだ。あの時の決断が今の自分にこういう風に影響しているんだと。でも、その時にはもう戻れないよね。いい方向に行けばいいけど、逆の場合は歯を食いしばって運命として飲み込むんだ。

長女　運命か、やっぱりそうなんだー

次女　間違えちゃったら困るね！

父　パパの話を聞いていれば勝手に幸せになる、なんて保証はないぞ。大事な決断を他人の言う通りに決めたなら、悪い結果になった時はその人のせいにするかもしれないよね。悲しいけど人間は苦しい時には誰かに責任をなし付けるようになってしまうんだよ。そし

てトラブルが起こる。だから相談や聞くのはいいが、決断は必ず自分ですることだ。これは鉄則！　そして人生は自己責任で生きることだ。誰のせいでもなく、自分の決めたことの積み重ねで今がある。そう思わなきゃ駄目だよ。

ひと言　**運命は受け入れるしかない**

ひと言　**人生は全て自己責任**

図 4－8

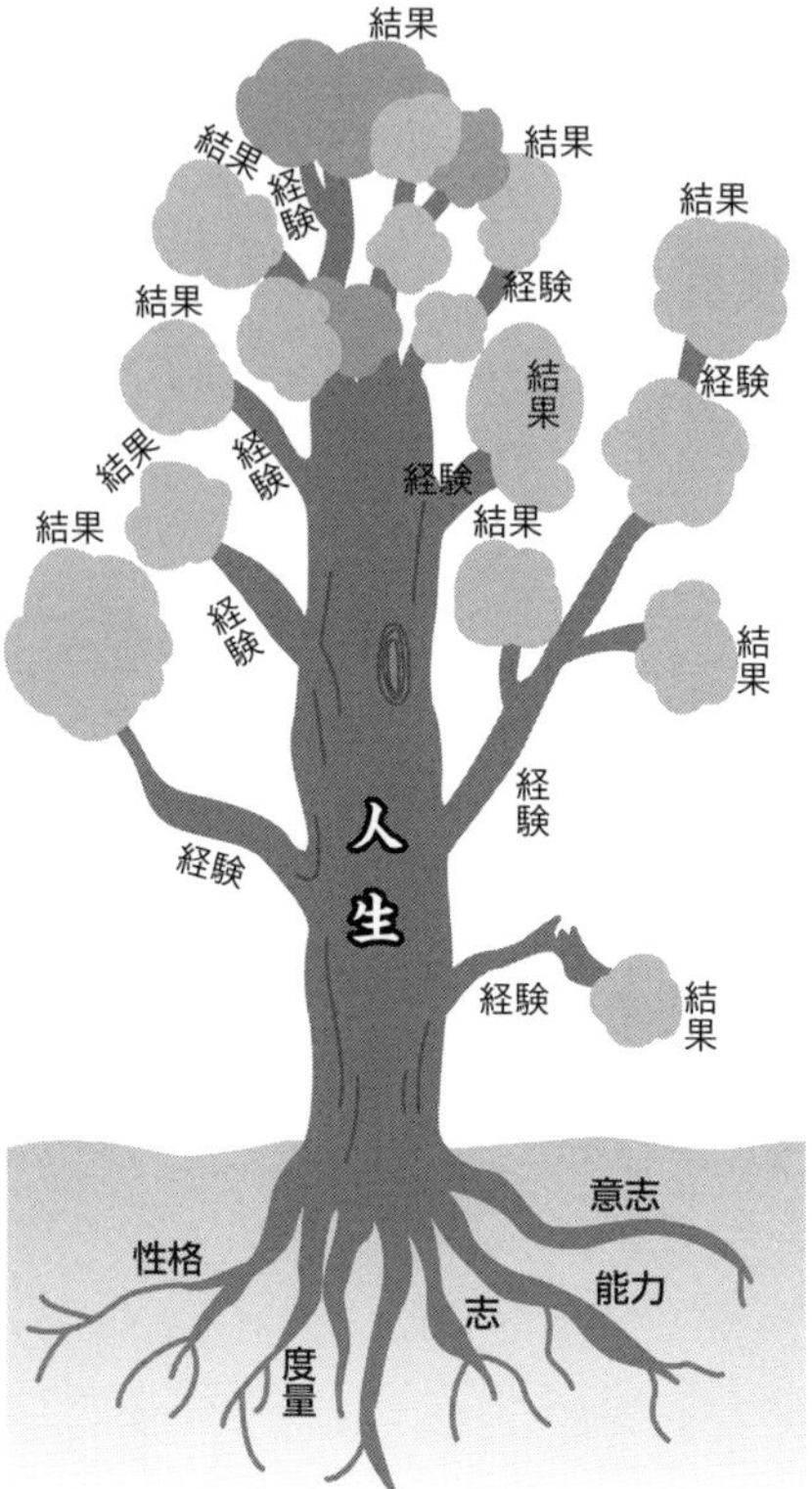

人生は全て自己責任といいましたが、自分に非が無いにもかかわらず他人から何らかの事情で被害を受けた、あるいは追い詰められた方からすると受け入れがたいかと思います。しかし、ここでは子供に「自分で決める」「自分の責任」を意識させるために、あえて強調して伝えました。娘たちを子供扱いしないと決めていたことからの発言ですが、大人になっても「何とかして責任を取らないでおこう」とする風潮が政治家をはじめ企業経営者、芸能人など世間にあふれかえっています。残念ですが、そのような方々はせいぜい4段目の「自他欲求者」であって、ご自身の「美学」が無いのでしょう。

幸せを目指すには

父　今高校や大学入試を目指して勉強しているお前たちには「人生の幸せの定義」といったことは壮大過ぎて、ピンとこないと思う。今まで話してきたお金、社会の仕組み、目標を達成するための計画なんかの話は「じゃあ何のための話なの？」と感じていないか？

長女　なんか知らない話ばかりだし、面白そうなものもあったからパパの話に乗って聞いてきたけど、そうだね。最終的にこの話ってどこまで行くのかな？

次女　別に終わりなんてなくていいんじゃないの？　最後まで行ったからといって、会話が無くなるわけでもないだろうしさ。

父　確かに最後まで話し尽くしたとしても会話が無くなるわけではないけど、パパが今のお前たちに伝えておきたい、もっと大切なことはあるんだよ。お前たちが今学校で勉強していることやパパとの会話は、恐らく死ぬまでにまだ70年以上もあるこれからの長い人生を歩んでいくためのベースなんだ。そのベースの中では、「計画」のように上書きされていってもいいものとされてはいけないものがあるんだ。何だと思う？

次女　家族は上書きできないから、お金と友達！

長女　んー、何だろう？　お金も友達も家族も大事だし。

父　どれも正解で、みんな大事だよ。親としては自分の「子供の幸せは、自分の幸せ」だ。昔から子供が親を思う気持ちより親が思う子供への気持ちの方がはるかに大きいと言われている。「幸せに生きる」ことを目指すのは誰もがたどり着こうとするゴールになると思う。パパもこれからの自分の人生の幸せを望んでいるしね。その〝幸せ〟も人ぞれぞれでいいし、当然人によって違っていてもいい。その〝幸せ〟というものを求めると、人生において必ずかかわることになるのが「お金」と「人」と「時間」、さらに言えば「健康」とか「趣味」とかもあるけれど、間違いなく最初の3つが肝心になる。ある程度の経済的自由をもって関わりのある人たちと良好な関係でいる、ということが〝幸せ〟に必要なことだとパパは信じている。お金が関係することわざや格言はとても沢山あるけれど、その中でも人生を集約しているものがある。次の言葉だ。

金を持つより時間を持て

時間を持つより人を持て

父　ここには「お金」「時間」「人」が出てくるが、手に入りにくい順になっている。簡単に説明すると、こうなる。

お金は寝ずに休まず働けば手に入りやすいが、それでは時間が無くなる

←

時間が欲しければその仕組みを自ら作らなければならないが、それには自分の時間を確保するための仕組み・組織＝人が必要だ。

←

人は心を持っている。いくら待遇が良くても嫌な場所、嫌な人からは離れていく

←

だから人が一番大事。お金が欲しければ人を大切にしなさい

図 4 - 9

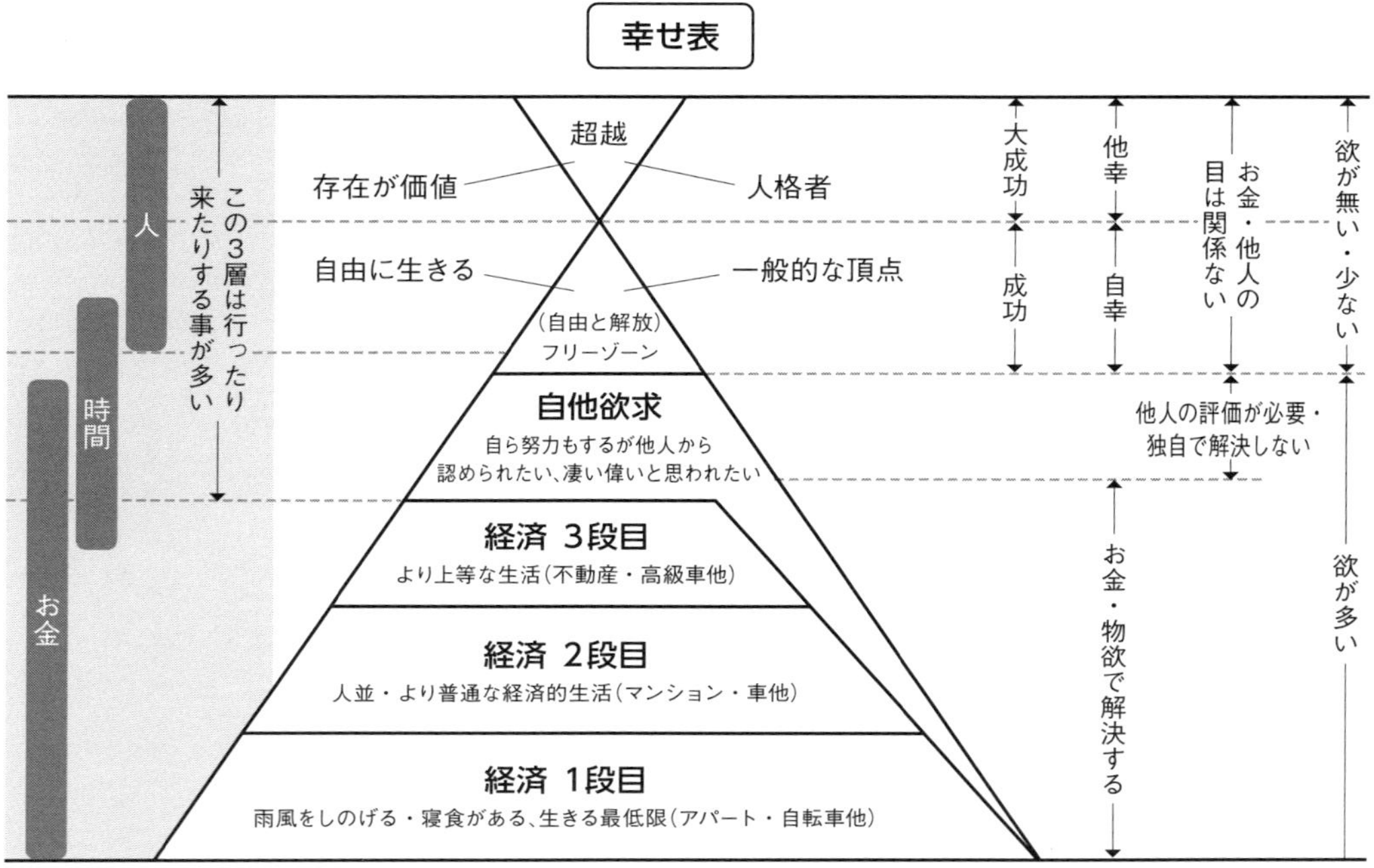
幸せ表
人
時間
お金
この3層は行ったり来たりする事が多い
超越
存在が価値
人格者
自由に生きる
一般的な頂点
（自由と解放）
フリーゾーン
自他欲求
自ら努力もするが他人から
認められたい、凄い偉いと思われたい
経済 3段目
より上等な生活（不動産・高級車他）
経済 2段目
人並・より普通な経済的生活（マンション・車他）
経済 1段目
雨風をしのげる・寝食がある、生きる最低限（アパート・自転車他）
大成功
成功
他幸
自幸
お金・物欲で解決する
お金・他人の目は関係ない
他人の評価が必要・
独自で解決しない
欲が無い・少ない
欲が多い

父　まず人間は必ず集団社会の中の一員であって、その中で生活している。皆安心安全で快適な生活を望むとするなら、ある程度のお金が必要になる、そのお金をどうするか、がこの格言になっている。パパのような経営者なら、自分のことばかりではなく社員の人たちの生活をよくすることを考えるし、会社員なら上司、同僚、部下など人によくしないと出世しない、となるわけだ。お前たちにはまだ先の話だけど、歳を取って死ぬ時に葬式代以上のお金を持っていても仕方ないよね。お金を沢山持って死ぬよりも、自分の人生の最期には、それまで関係してきた人たちに惜しまれて死んでいきたいと思うのが普通だよね。そのためには人によくしておきなさい、となる。死ぬ時に誰もお葬式に来なくて、親族が遺産相続をめぐって喧嘩している絵は悲しいよね。でも不思議なもので、ケチで嫌な人でも、それが本来の姿なのかどうかは分からないけど、人生の最期には周りの人への感謝の言葉や残された人の心配をすることが少なくない。これは幸せ表の6段目にある「人の幸せを願う」ことだよね。でも最期にそれを言うなら、もっと以前からそうしておいた方が自分も周りの人も幸せな時間が長くなるだろう。パパは若い時からなぜか分からないけど自分の死ぬ時を想像していたんだ。だから、そう思うのかもしれない。結局人間関係が良好な人が幸せそうなことは間違いないと思う。若い時は一生懸命働いてお金を稼がないとならないけど、その中でもトラブルを避けながらも何か起きた場合は賢く解決して自分の目標に向かって進み、少しずつ目標を達成して周囲にいる人たちとのいい関係を築いていくのがいいんじゃないかと思う。いろいろ見ているとそういう風にできている人は往々にして周りの人を喜ばせようとするんだけど、正しさと厳しさも持っている人が多いね。そういう人になれるように、今から頑張っていったらいいんじゃないかな。

長女・次女　はーい。

父　自分の人生の主役は当然自分で、パパでも兄弟姉妹でもないから、パパはお前たちの人生の中では脇役だ。どうか、かっこいい主役を演じてもらいたいね！

長女　そうだね、頑張ってみる！

次女　私も理解したー。意義なーし！

ひと言　**良好な人間関係はお金より価値があり、幸せを呼ぶ**

ひと言　**人生の主役は自分1人だけで、周りは全員脇役**

カマタニメソッド

心の仕分け
- 幸せと不幸せの構図
- 身近な事例を提示する

その分類
- 何かと比較の話
- マインドマップ（例）

幸せ表1
- 各段を作成してみる
- 各段を家庭の状況に当てはめてみる

幸せ表2
- 物欲について
- 自他承認欲求について
- 宇宙幸せ銀行（徳を積む）について

まとめ
- 悩み・落とし穴
- 例え
- 我が家の幸せの定義

「家庭で教えたことは、知らず知らずのうちに子供に根付く」

長女

世の中には色々な幸せの形があると思います。その中でも父からずっと言われていたのが、「お金がすごくあるという状態じゃなくても、ある程度はしっかりあって経済的に安定していて、毎日その日暮らしですというような状況にはなってほしくない」ということでした。医師の資格を持っていれば、ある程度その問題はクリアできます。そこをクリアできなければ、「経済的満足層」の上には行けないと思いますので、そうなれるようにサポートしてくれた父にはやはり感謝しかありません。

ただ医学部に在籍していて感じたのは、医歯薬関係の子女だという学生が本当に多いということでした。我が家のように親が医者でも看護師でもない、全く無関係の家庭から医学部に通うというケースは最近でこそ増えているみたいですが、当時はまだ珍しかったんです。なので、お金の捉え方とか使い方というのが一般社会からかけ離れた学生の姿も結構目にしました。何かあったらすぐに親からお金をもらう、というような。そういう光景を日常的に見ていると、別にケチがいいわけでも、お金を稼いでただ貯めることがいいというわけではなく、使うところで使って貯めるところで貯める、そのバランスを子供の頃から知っていることがいいことなのかなと思うようになりましたね。そういう意味では父が教えてくれたことは正しかったと感じますし、私も子供はまだ2歳と0歳ですが、同じように教えていければいいなと思います。

ただもちろん、同じ医学部の学生の中でも「お金のことは気にせず、自分のやりたいことをやりなさい」と好きなものを買ってくれる家庭もあった半面、「もう大学生なんだから、自分のやりたいことはアルバイトして自分のお金でやりなさい」という家庭もありました。色々な人がいたので、お金のことを考えるいい勉強にはなったと思います。私自身もアルバイト自体を経験してみたかったし、そのお金で旅行にも行きたかったので、学生時代は家庭教師をしていました。色々な生徒を教えたのですが、その中で1人、忘れられない女子生徒がいます。

私が教え始めた頃は中学2年で、当時彼女は不登校でした。親御さんが熱心にフリースクールに足を運んだり、その生徒が部屋から出てこないので家庭教師を呼んだりしていたのですが、なかなかうまくいかなかった時に、私が家庭教師としてその家庭に派遣されたのです。すると、不思議なことに私にはその生徒が心を開いてくれて、部屋に入れてくれました。それまで誰も部屋に入れてくれなかったのにもかかわらず、です。

もちろん最初は勉強以前の話でしたので、まずは部屋で話をするとか、2階の部屋から一緒にリビングに下りてくるとか、パジャマから服に着替えるとか、そういうところから始めました。話も勉強とは関係ない、家族の話だったり好きなアイドルの話だったり、そういうところから始めて、高校に進学する時は一緒に見学に行って学校を選んだりもしました。中学2年の頃から高校を卒業するまで、4年ほどその生徒を教えていたのですが、半分以上は勉強以前のことを話していたような覚えがあります。で、時間をかけて向き合っていくうちにその生徒もどんどん心を開いてくれていい関係が築けて、いざ勉強させてみるとすごく勉強ができる子で、無事に希望の大学に合格して進学していきました。不登校だからといってそこで腐ってしまわず、今は大学も卒業して、元気に働いていることと思います。

その4年間、私は家庭教師として割と高い時給をもらって勉強を教えていたのですが、単にお金のために働いていたという心境ではありませんでした。お金がほしいだけならば、与えられた時間内に授業をして、「こんなに稼げた〜」と通帳を見てニヤニヤしたり、誰かに自慢したりするだけでよかったと思います。でも私にとっては、その不登校の生徒が私に助けを求めているような気がして、「自分には今、通常の家庭教師で学問を教える以上の何かすごいことが求められている！　試されている!?」と感じてとてもワクワクしましたし、使命感に燃えたことを覚えています。

その子がまず部屋から出られるようになり（親御さんはもうこれだけで涙ぼろぼろでした）、少し街に出て一緒にカフェでお茶してみたり、一緒に美容室に行ってみたり…。勉強は教えればすぐにできる子だったので、医学部生だけができる高時給バイト、というものを超越して、その生徒の成長を心から喜びたいという、「幸せの定義」でいうところの最頂点の「超越層」の域まで行っていたのかもしれません。

もしかすると、この「幸せの定義」は人生において1回だけではなく、様々な場面それぞれに当てはまるのかもしれません。「計画」や「選択」も同じです。大人と子供では人生の時間軸が全然違います。子供の頃に感じていた1年のスピードと、大人になってからの1年が過ぎる速さを比べてもらえると分かりやすいと思います。ですので、普通親が話す「計画」は人生や将来といった子供視点ではかなり先のスケールが大きい話であることが多いため、聞く側が小さいうちは実感が湧かないことも多いはずです。事実、私も妹もそうでした。口をぽかんと開けて聞いている時期の方が長かったかもしれません。でも、それでもよかったんだと思います。家庭内で教えられたことは、知らず知らずのうちに子供の中に経験、知識として根付いています。実際、私も患者さんとの会話で、父と家庭内で話していた内容を参考に話すことが今もなおあります。父の家庭内での教育があっての今の自分だということに疑いはありません。改めて父の教えを振り返ってみて、家庭内での教育の大切さを再認識しました。

おわりに

私は石川県・能登半島の田舎の山奥で400年程続く家で生まれました。古い大きな家で、農業や林業を父と祖父が営んでいましたが、生きていくのに必死で代々苦労して生活してきたと聞かされて育ちました。母は同じ村から嫁いできました。私が幼かった当時は分からなかったのですが、随分と姑からのいじめに遭っていたと聞きました。正にテレビドラマの『おしん』を上回る生活だったようです。

そのせいなのか分かりませんが、母は生まれたばかりの私の世話よりも野良仕事に注力させられていて、練炭こたつに寝かされていた1歳半の私は踵に大やけどを負いました。当然今でもその影響はあり、スポーツが好きな私には残念なこともあります。その祖母は家娘で、祖父は婿でしたが先に亡くなりました。祖母は子供だった私から見ても本当にきつい性格で、誰に対しても頑固で喧嘩や言い合いばかりしていた記憶があります。当然口調もそんな感じでした。その祖母を嫌い、父は長男でありながら隣村に越してしまいました。そんな祖母でしたが、死ぬ間際に隣村に引っ越していた私の家に看取りとして預かることになりました。

そんな祖母が最期を迎える際、まだかろうじて意識のある時に母に対し「ごめんごめん。悪かった、悪かった。酷いことを言った、虐めた。今まで本当に悪いことをした。許してくれ、許してくれ」と泣きながら謝ったそうです。それを聞いて、私はびっくりしました。「あのおばあちゃんが人にそんな言葉で謝るなんて」と。

その父は父で、母を祖父母からかばうこともせずに全く自分勝手に生きていました。仕事は製材業で、真面目で鬼のように働いていましたが、同じように母をいじめていた記憶があります。私はそんな状況が嫌で、中学卒業と同時に家を出ました。そんな父も体が弱ってきた晩年、母が入院をしました。その時、あの父が母の病室に毎日毎日お見舞いに行き、最後には「自分もここにいて帰らない」と言い出して病院を困らせました。母にとっては迷惑だったのだろうと思いますが、父はあれほど粗末に扱っていた母がいなくなった途端に真逆の反応をしたので、再度私を驚かせました。また施設にお世話になり少しボケが始まってからは、若い時には見られなかった朗らかな顔をして、若い時の険しい雰囲気とは真逆のようでした。

田舎での生活は都会と比べて人間関係が近く、ずけずけと土足で入ってきて、ぶしつけなことが多いです。プライバシーがあまりありません、もちろんいい時もありますが、悪い時の方が目立ちます。人間関係が接近していて、生々しい感じです。小さい時から大小様々な人が関係するトラブルを見てきましたが、この2人の出来事は特に印象的でした。それを見て私は2つのことを感じました。

1つ目は、家庭環境がその子供の将来に影響するということです。あれほど祖母を嫌った父は、私の目から見るととても祖母に似ていました。他人に対してや母親に対しての、その口調や雰囲気などです。父の幼少期にその家庭環境を体験していたから、無意識にそうなったのでしょうか。明確な答えは分かりませんが、影響していることは間違いないと思います。子供自身では、親の環境は変えられません。仲のいい家庭とそうではない家庭では子供の記憶や心に残ることが違い、特に愛情や思いやりとその表現の仕方というものに影響するのではないかと強く感じました。

2つ目は、父と祖母はよく似ていたと言いましたが、あの母にしてこの子ありだということです。2人とも大体の場面では非情なのですが、たまに優しい時もありました。その2人は、人生の最期には心の中をさらけ出して今までの姿とは真逆の人間らしさを見せてくれました。「なぜなのか?」「どうしてなのか?」と考えました。その答えを、母が教えてくれました。「おばあちゃんは家を継いで将来に渡す責任と義務を強く感じていて、その表現があの姿になっていて、自分が弱くなったら家が潰れる、いつでも気丈にしていなければならない」と思っていたというのです。父は田舎の長男の義務でもある親との同居を捨てて隣村に移り住んでいきました。隣村には以前から1つ大きな製材所があり、いきなりのライバルとしてのアウェイ。そのためにも「誰にも負けてはならない、負けたら笑いものだ」が原動力になり、本来の自分の能力以上に自分を奮い立たせていたのだというのです。2人はこのような理由で自分を大きく強く見せなければならなかったのですが、その結果が、私が見ていたあの祖母と父の姿だったのでしょう。

結局祖母も父も心の中には優しさもあり、人間的で理解できる理由だったことに安心しましたが、残念だったのは「そういうことだったら、もっと早くからいろいろな話をしたり笑ったり、家族で一緒に喜んで楽しんでいる時間と記憶が欲しかった」ということです。置かれた状況へのプレッシャーや重圧を撥ね退けるために、自分自身へも家族にも必要以上に強い態度でいなければならなかったのだろうと想像します。また祖母は母親をいじめていた認識があったという懺悔から謝罪を行い、父親は施設に入りその長年の重圧からやっと解放されたからあの笑顔だったのだろうと想像します。時代背景もあり、本来の自分らしく生きられなく辛くて大変な人生だったのだろうとも想像します。ただし、私にとっては結局その姿を見て記憶していたことが、事業を始めてから多くの問題を乗り越える踏ん張りの元となっていたことにも気付きました。

田舎から都会に出てきて頑張る原動力のほとんどは出世することで、つまり〝お金〟が力の源なのです。田舎に凱旋するには、仮にでも成功している姿が必要なのです。ですがこの本でも書いている通り、〝お金〟が最終目的ではいずれ息が上がってしまい、長くは続きません。実際に創業から35年続けてこられたのは、追い込まれた時に自分を鼓舞するものが、目の前のお金ではなく、家系を守ってきたご先祖様が記され長く折られた「過去帳」のスケール感や、目にしてきた祖父母や父の頑張りだと知ったからでした。勿論目の前の社員達の頑張りもです。でも最大の原動力は、一般的ですがやはり母の長年にわたる耐え忍ぶ姿と子供を思うその愛情でした。母の我慢が幼少期からの私を含め周りの人の平穏を守ったと理解しています。嫌って飛び出した田舎の家は、なんだかんだ言いながらも男同士の表面上の衝突以外は結局人間関係が良く、恨みつらみは聞こえてはきません。また私が歳を重ねるごとに過去の話を少しずつ聞かされ、当時の記憶をもとに母のその人生を想像しました。それと比べたら私が抱えている問題は、ただの通過点としか思えないようにもなりました。

私事で恐縮ですが、実はこの本の執筆中に父が亡くなりました。自宅での介護から施設に移って2年が経った頃でした。その父親は事業をしていた若い時に、金沢に小さいアパートを購入していました。もう古く手がかかるようですが、その収入で自分の病院や施設の費用を賄っていました。このおかげで、長年の介護の期間中に私を含めた家族の誰に対しても、費用負担や金銭的なトラブルを引き起こすことはありませんでした。やはり「人に迷惑をかけない程度の経済」は大切だと、再確認できました。若い時から準備していてくれたおかげで、残された者はいがみ合わなくて済んだのです。その本人の亡くなり方も含め、人生の最期を綺麗にまとめたのはさすがだと思いました。

江戸時代に石に刻まれた偉人のことわざが今でも普通に通用するのは、テクノロジーは発展し続けているが人間は発展し成長していない証でしょう。会社経営を通じてなのか分かりませんが、それを若くして感じていた私には困った時は「ことわざ」「四文字熟語」に頼ります。そして、いつも私を助けてくれます。問題を抱え答えを見つけるために思い悩む時間は、苦痛で辛いものです。早く方向性を決めて解決に向かいたいものですが、相手が関係する問題ならそうはいきません。その時自分の気持ちを落ち着かせるためにマラソンや水泳などの有酸素運動と共に、大いに利用していました。

それと同等以上に重要なことは、教育です。仲良し家族は、いがみ合っている家族より当然よいです。もし仲良し家族なら、一歩進んで家庭内教育をしてみたらどうかと思います。たとえ仲が良くなくても、自分の子供が社会に出て道に迷わないように簡単でうっすらした地図でも構わないので描いてあげたらいかがでしょうか。父母の片方だけでもできますよ。ただし、地図をみて進む道を決めるのは子供自身ですよ。

私がこの本を書き始めたという話を周りの友人たちにすると、よく聞く言葉がありました。「我が家では人生は自分で決めてやりたいように自由に生きろ、ただし責任は自分自身で取るんだと教育している」という内容です。私はそれには同意しかねます。できる範疇で教育した上での責任は、我が家でも「人生は自己責任」だと言い続けていました。でも、何の教育もせずに人生は自己責任というのはただの「ほったらかし」です。理由も言わず「勉強しなさい！」と強要するのと同じです。

日本ではほとんど聞かない、親しかできない「家庭内教育」を実践して、子供のこれからの人生の基礎の話をしていってみたらいかがでしょうか。先生としてお話をされることは、ご自身の考えの再確認にもなります。それにより家族の皆さんが将来にわたり笑顔のあふれる関係でいられると信じて、終わりにしたいと思います。

ご拝読、大変ありがとうございました。

2023年5月28日

釜谷　正宏

参考文献

『アメリカの高校生が学んでいるお金の教科書』アンドリュー・O・スミス著、桜田直美訳（SBクリエイティブ）
『お金か人生か　給料がなくても豊かになれる9ステップ』ヴィッキー・ロビン＋ジョー・ドミンゲス著、岩本正明訳（ダイヤモンド社）
『お父さんが教える13歳からの金融入門』デヴィッド・ビアンキ著、関美和訳（日本経済新聞出版社）
『池上彰のはじめてのお金の教科書』池上彰著、ふじわらかずえ絵（幻冬舎）
『学校では教えてくれないお金の話』金子哲雄著（河出文庫）
『強運の法則　社長のための「西田式経営脳力全開」8大プログラム』西田文郎著（日本経営合理化協会）
『50代から実る人、枯れる人』松尾一也著（ディスカヴァー携書）

〈著者紹介〉
釜谷正宏（かまたに・まさひろ）
1963年、石川県生まれ。能登町（旧・柳田村）で幼少期を過ごした後、陸上自衛隊少年工科学校（神奈川県横須賀市）で高校時代を過ごす。東京芸術大学を受験するも失敗し、建設省建設大学校に進学後、佐川急便に入社。1988年、25歳で有限会社釜谷サービス（現・株式会社KSエンジニアリング）を起業しグループ売上50億円まで拡大、58歳で事業継承し現在に至る。その間に他３社を起業し、全て黒字経営。今でいうM&Aを黎明期から行い、経営者個人の資質を問うことを重要視してきた。PV発電事業・農業・民泊事業に加えて35年間の起業からの事業経験を今から挑む者、もしくはもがいている現役世代に継承すべく実体験をベースにした成功報酬型のコンサルタント、マイナースポーツ選手のビジネストレーニング講師として活動する。その傍らシングルファーザーとして子供と過ごした時間で実践した家庭内教育の重要性を実感。国内にほぼ概念の無い”家庭内教育“の実践者としても講演活動を行う。保有資格は測量士補、ファイナンシャルプランナー、第２種電気工事士、自動販売機調整技能士、船舶免許１級。スポーツをこよなく愛しマルチにこなす種目は多数。ウィンドサーフィン、サーフィン、SUP、スキー、スノボ、BC、登山、大物釣り、ロードバイク、ゴルフ（シニアツアープロ）他。芸術に憧れがあり、楽器、絵画にも多数チャレンジ。

お金 時間 幸せ
人生を自由に操る最強パパの教え

2023年９月７日　第１版第１刷発行

著　者　釜谷正宏
発行者　村上雅基
発行所　株式会社ＰＨＰ研究所
京都本部　〒601-8411　京都市南区西九条北ノ内町11
教育ソリューション企画部　☎075-681-5040（編集）
東京本部　〒135-8137　江東区豊洲5-6-52
普及部　☎03-3520-9630（販売）

PHP INTERFACE　https://www.php.co.jp/

組　版　朝日メディアインターナショナル株式会社
印刷所
製本所　図書印刷株式会社

ISBN978-4-569-85537-0